A AJUDA ATRAVÉS DO INCONSCIENTE

ERHARD F. FREITAG

A AJUDA ATRAVÉS DO INCONSCIENTE

Tradução
MARGIT MARTINCIC

EDITORA PENSAMENTO
São Paulo

Título do Original:
Hilfe aus dem Unbewussten
Der spirituelle Weg zum Erfolg

Copyright (c) 1985 by Wilhelm Goldmann Verlag, Munique.

Edição
2-3-4-5-6-7-8-9-10

Ano
92-93-94-95

Direitos reservados
EDITORA PENSAMENTO LTDA.
Rua Dr. Mário Vicente, 374 — 04270 São Paulo, SP

Impresso em nossas oficinas gráficas.

Este livro é dedicado, com gratidão e amor, a Gudrun, minha esposa.

SUMÁRIO

Prefácio do Dr. Joseph Murphy 11
Prefácio do Autor 13

CAPÍTULO 1

Agora é tempo para um milagre 15. Sucesso é... 17. Ser bem-sucedido significa ser consciente 22. O pensamento é a força que move o mundo 26. Ter sucesso significa ter confiança cega em suas aptidões 27. Ter sucesso significa responsabilizar-se inteiramente pela sua própria vida 28. Ter sucesso significa manter um convívio ideal 30. Ter sucesso significa dispor sempre de bastante tempo 31. Ter sucesso significa ser plenamente sadio 32. Ter sucesso significa estar em harmonia consigo mesmo 32. Ter sucesso significa ser uma pessoa feliz 33. Ter sucesso significa descobrir Deus no centro de si mesmo 34. Ter sucesso significa ter amigos leais 37. Ter sucesso significa não forçar nada 38. Você quer ter sucesso? 40. Podemos aprender a ser felizes 41. Ter sucesso é uma missão divina 43. No dia 1º de abril 44. A intuição caracteriza o caminho do homem bem-sucedido 47.

CAPÍTULO 2

A lei espiritual 51. Ser feliz não é questão de sorte 52. Riqueza e sucesso são estados de consciência 57. Meditar corretamente 58. A meditação da árvore, de Klaus Biedermann 62. A natureza do sucesso 67. Dúvidas 73. A mentira, um abismo no caminho da vida 77. O conhecimento é a base do sucesso 79. A arte da imaginação plástica 85. Klaus K. voa para a Costa Esmeralda 89. Pobreza é doença espiritual 91. O amor se manifesta pela tolerância 95. A verdadeira liberdade é a liberdade interior 96. O mal existe unicamente no seu espírito 98. Proibição do uso das máquinas 99.

CAPÍTULO 3

Meu tempo de transformação 103. O Dr. Murphy aparece-me em sonho 104. Que decisão você tomaria? 105. Socorro, estou sozinho! 109. A educação é ajuda à auto-ajuda em liberdade 111. Ela se sentia repudiada 113. Da magia para a vida positiva 113. Uma carta de agradecimento de 190 páginas 116. Uma nova fluência verbal 118. Por trás de cada paralisia esconde-se o medo 120. A energia que você investe 122. A imaginação plástica leva ao sucesso 123. Foi o espírito que criou o corpo 125. Por trás de tudo o que existe há um modelo invisível 127. O Dr. Rupert Sheldrake 127. Burkhard Heim 130. Ela queria cem mil marcos 137. O caminho das imagens mentais ativas 138. Programado para o fracasso 139. A paz é um sinal de que Deus existe e só será possível quando eliminarmos as guerras 141. Deus é um Deus dos ricos 142.

CAPÍTULO 4

Não existe um princípio de doença 145. A concorrência leva ao pânico 150. Conheça a si mesmo 152. O Senhor A. esqueceu-se do amor 153. Odiar significa impossibilidade de decidir-se pelo amor 156. Sentir a própria morte 158. Sonhei com a Senhora B. 160. Temer a morte significa temer a vida 161. Saber é poder 164. Diversas sugestões recomendáveis 170. Sugestões para sonhar 172. Energia sexual é energia vital 177. A educação significa ajuda para a autodescoberta 178. O ciúme é um veneno destrutivo de grande efeito perturbador 180. Como não deve ser 182. Uma infância repleta de proibições e repressões 183. Os problemas são circunstâncias amigáveis 184. Pseudo-epilepsia por medo 186. Um choque devido a um acidente 186. O mundo dos agentes secretos. 188. Existe um único pecado 191. Não existe fracasso 195. Os fatos são diferentes do que pensamos 197. Você abriga um "autômato de fracasso" em seu íntimo? 200. Os negócios da maioria dos homens vão bem por tanto tempo quanto estes forem bem-sucedidos em sua vida particular 203. O subconsciente acata o que você diz 204. Confusão entre quantidade e qualidade 206. A sabedoria nasce da ignorância 207. Bernd Ritter 208. Sentido ou absurdo! 213.

CAPÍTULO 5

Doenças psicossomáticas 217. Aborto 218. Abscesso 219. Acne 220. Alcoolismo 220. Alergias 221. Anemia 222. Arteriosclerose 222. Artrite 222. Asma 223. Bronquite 223. Busto, medida 224. Cálculos biliares 224. Câncer 225. Caráter negativo 226. Colite ulcerosa 226. Concentração perturbada 227. Defeito congênito 227. Diabetes mellitus 228. Diarréia 228. Digestão perturbada 228. Discos vertebrais 229. Doenças venéreas 229. Dores de cabeça 230. Eczemas 230. Envelhecimento precoce 230. Enxaqueca 231. Epilepsia 232. Esclerose múltipla 232. Febre 233. Febre do feno 233. Flatulências 233. Gagueira 234. Glaucoma (ver *Problemas da vista*). Gota 234. Gripe (ver *Resfriados*). Hemorróidas 235. Hepatite 235. Hipocondria 236. Impotência 236. Inchaço 236. Incontinência urinária 237. Insônia 237. Medos, fobias 238. Nervosismo 238. Obesidade (ver *Vício, Inchaço*). Paralisia 239. Pressão alta 239. Pressão baixa 240. Problemas da bexiga 240. Problemas cardíacos 241. Problemas nas costas 241. Problemas da garganta 242. Problemas de menstruação 242. Problemas nas pernas 242. Problemas na próstata 243. Problemas pulmonares 243. Problemas dos quadris (ver *Arteriosclerose*). Problemas do sangue 244. Problemas da vista 244. Resfriados 244. Reumatismo 245. Roer unhas 245. Tosse (ver *Resfriados*). Tumor cerebral 246. Vício 246. Zoster (*Herpes-zoster*) 246.

Epílogo do Autor 249

PREFÁCIO DO DR. JOSEPH MURPHY

Sou grato a meu fiel discípulo e amigo, Erhard Freitag, pelos tão excelentes trabalhos que vem produzindo no terreno metafísico.

Eu, Dr. Joseph Murphy, tenho motivos de sobra para me orgulhar desse homem maravilhoso.

Como não existo mais no mundo humano, já não estou também entre os homens. No entanto, daqui onde me encontro é mais fácil trabalhar por você, pois agora vejo tudo com os olhos do mundo astral.

Preciso dizer-lhe, caro leitor, que não poderá encontrar, nesse terreno, um psicólogo melhor. Há muitos anos, Erhard Freitag é bem-sucedido como instrutor de vida e trabalha por amor aos homens. Por isso, quero recomendar-lhe muito este livro.

Viver segundo as leis espirituais é a "verdade" no pleno sentido da palavra, o caminho autêntico para o sucesso em todas as esferas de vida.

Quero lembrar que já morri e que minhas palavras e idéias só lhe são transmitidas através da dedicação de um ente amoroso, que atua como psicógrafo.

Recomendo-lhe que aceite os ensinamentos deste livro. Eles o conduzirão ao objetivo almejado permitindo-lhe ver, reconhecer e admirar muito mais o mundo.

Querido leitor, agradeço-lhe a confiança e desejo a você todo o amor e todo o bem no caminho da vida.

Seu agradecido,

Joseph Murphy

Seja qual for a situação, confie no seu subconsciente. Você pode perder a consciência, mas não a subconsciência.

* * * * * *

Deve haver um criador para que haja criação.

Para onde quer que olhemos, há ordem. Onde há ordem deve haver alguém que ponha ordem. Não crer em Deus requer muito mais fé do que crer Nele, pois por toda parte e constantemente estamos rodeados pelas provas de Sua existência.

* * * * * *

No início, quis conquistar a vida; no entanto, ela me venceu. Tentei em seguida pesquisá-la, mas perdi-me em seu infinito.

Por fim, achei que deveria dividir cuidadosamente a vida; esta, porém, se subtraiu de mim.

Depois, com hesitação e desajeitadamente, tentei amar a vida. Então ela me abraçou transbordante de alegria!

* * * * *

PREFÁCIO DO AUTOR

Cara leitora!
Caro leitor!

Com este livro tenho o propósito de acompanhá-lo rumo a uma vida mais plena, mais bela e também mais digna de ser vivida. Em minha busca do sentido da vida, creio haver encontrado algo como uma missão para todos nós vivermos uma existência feliz, bem-sucedida e plena de amor. Para encontrar esse caminho, demonstro-lhe as normas que conduzem à harmonia da parte com o todo. Quero que reconheça, assim como eu, que tudo no cosmo está sujeito a leis claras, que todos nós podemos compreender e integrar às nossas vidas. Quanto mais você se dedicar a isso, tanto mais sentirá que a genialidade encerra ao mesmo tempo a maior singeleza.

Imaginemos a seguinte situação: crianças ainda, aprendemos que, no caminho para a escola, a luz vermelha do cruzamento das ruas exige de nós determinado comportamento e que o melhor é ater-se a ele. No início, nos detemos diante da luz vermelha apenas porque nossos pais assim o querem. Mas, aos poucos, descobrimos que aceitar as regras do trânsito tem realmente um sentido e que se destina ao bem de todos.

Certamente, esse é um exemplo muito simples, mas ele pode nos mostrar que um regulamento é sensivelmente uma necessidade. Tais regras existem em cada comunidade para facilitar a convivência. Quanto maior for a comunidade, mais importante será que suas regras sejam obedecidas.

Olhando agora para a natureza, vemos que ela é a maior comunidade e produziu tudo que tem vida. Mas a criação não surgiu a esmo, na esperança de que as leis que lhe fossem necessárias viessem a se desenvolver por si mesmas. De forma alguma, porque em tudo o que se chama criação houve um criador, alguém que planejou antecipadamente e inseriu as leis unificadoras em sua obra.

Se você não obedecer à ordem da luz vermelha, logo sentirá, e de modo muito doloroso, a justificativa das leis do trânsito. Acontece exatamente a mesma coisa no que se refere às leis espirituais descritas neste livro.

Aquele que trata de reconhecer esses modelos estruturais superiores descobrirá rapidamente que o sucesso e o insucesso, a vida e a morte, estão estreitamente ligados à consideração dessas leis. Há uma possibilidade de penetrar bastante rapidamente nesses segredos. Os homens de todos os tempos o conseguiram através do pensamento místico. Nós nos expressamos de maneira mais moderna; dizemos que o caminho para as leis espirituais passa pelo subconsciente.

Se você quiser, seguiremos juntos um trecho do caminho da vida. Aprenderemos juntos o que é o subconsciente, como ele trabalha e amplia nossa verdadeira existência humana. Quem compreender isso uma vez e souber aplicá-lo será também capaz de permitir que aconteçam milagres em sua vida, porque o subconsciente é a porta para o conhecimento de nossa verdadeira natureza.

CAPÍTULO 1

Agora é tempo para um milagre

Em minha prática psicoterapêutica, tenho presenciado sempre e renovadamente, com meus próprios olhos, as mudanças gerais que ocorrem em pacientes dos mais variados níveis sociais tão logo aprendem a utilizar-se do poder infinito do seu interior. O que quer que aconteça em suas vidas, é a realização dos seus próprios pensamentos.

Segundo a minha filosofia, não limito a auto-realização do homem *esquivando-me* à matéria (aspecto material). Muitos esoteristas buscam atingir a harmonia e a felicidade interior evitando qualquer idéia de um objetivo material. A meu ver, a evolução leva à espiritualização *através* da matéria.

Acredito que aquele que busca viver a realização do sentido da vida excluindo o aspecto material ficará por longo tempo com a sensação de ter perdido algo importante.

Deus aprovou *tudo*. Por que deveríamos renunciar a muitas coisas que nos parecem belas e boas só pelo fato de alguns teóricos fracassados afirmarem que as uvas estão azedas, por se encontrarem demasiado no alto?

Porque é Deus quem opera em vós o querer e o opera segundo a Sua vontade. (Flp. 2, 13)

Escrevi este livro para você. O que desejo é apresentar, segundo minha compreensão atual, as razões por que um sofre penúria e atrai sucessivas infelicidades enquanto outro leva uma existência feliz; por que também, em cada cidade do mundo, existem favelas miseráveis ao lado de elegantes bairros residenciais.

O que é que permite ao homem curar-se de uma

15

doença incurável? Qual o motivo que faz com que crentes de todas as religiões passem, com freqüência, por indizíveis sofrimentos? Existe realmente um Deus irado, ciumento e belicoso que vem trazer a espada? Ou será que esta compreensão surgiu apenas pela interpretação *eclesiástica* do nosso Livro dos livros? A interpretação da Bíblia e tudo que ela elaborou tem muitas vezes bem pouco a ver com a *essência* da religião cristã, a mais rica de todas as religiões.

Na minha opinião, a Bíblia, como se diz com muito acerto, é o "Livro dos livros", só que me faltou, durante a vida toda, uma interpretação como a que o Dr. Murphy deu em sua obra *Verdades bíblicas*. É certo que isso ocorre também com muitas outras pessoas. Professo a religião cristã, mas permito-me uma interpretação menos ortodoxa e dogmática da Bíblia.

Discordar da opinião geral está de acordo com o sentido da evolução e provoca a manifestação da verdade! Para encontrar Deus no meu coração, passei a ser um dos milhões que se distanciaram da Igreja. Para mim, Deus sempre foi muito mais do que se pregava do púlpito. Hoje afirmo com o direito congênito do homem: *encontrei Deus no meu centro, que pensa, fala e atua através de mim*. Não porque sou Erhard F. Freitag, mas porque sou um homem que se sente unido a seu Criador. O Pai e eu somos *Um*. Descubra você também sua natureza verdadeira! Ela é Deus! E ela o leva ao caminho do amor, da harmonia, da felicidade e da paz, ao caminho da auto-realização.

A sua natureza o transformou num rei, nascido para vencer, para exercer o domínio sobre tudo o que significa sofrimento e preocupações. Quero que aprenda neste livro que, em todo o universo, não existe nenhum princípio do sofrimento, da mentira, da penúria; que tudo o que é lamentável neste mundo é somente produto da ignorância das leis espirituais, uma negação do reino eterno de Deus.

O princípio da vida é sempre favorável, sempre ajuda, sempre cura. Tudo o que você tem a fazer é reconhecer isso e deixar que aconteça. Você tem o direito e a obrigação de ser bem-sucedido. Na Bíblia se diz: *Pelos seus frutos devem ser reconhecidos*. Seja fecundo, porque só quem tem, pode dar.

Emerson, o pai da psicologia americana, diz que não se pode obter nada sem dar algo em troca e fala da lei das leis, a lei fundamental da vida: a atração das semelhanças. Pobreza e riqueza são opostos e, por isso, não podem exercer nenhuma atração recíproca. Um homem rico não tem relação com a pobreza e um homem pobre não se relaciona com a riqueza.

Por isso, não são as circunstâncias que fazem um homem ser pobre ou rico, mas sua atitude básica, que lhe foi dada já nos primeiros anos de vida. Mudar essa atitude básica, provavelmente errada, é o nosso objetivo comum neste livro.

Desde que não aceito mais os limites que me foram impostos e não os vivo mais como limites, começo a sentir como sou forte..., o quanto posso ser ilimitada.

Kristiane Allert-Wybranietz

Sucesso é...

Quanto à palavra "sucesso" a maioria dos homens pensa quase exclusivamente em valores materiais; esse termo, entretanto, significa muito mais. Em última análise, o sucesso verdadeiro deve orientar-se no sentido de valores interiores e do desenvolvimento espiritual. *No entanto* – e a maioria dos que trilham esse caminho se esquece disso – não há nenhuma contradição em propagar o pensamento positivo em *todas* as esferas dos objetivos humanos.

Os esoteristas, em sua maioria, rejeitam o aspecto material, porque não querem renunciar a seu pensamento polarizado. Para eles o mundo se compõe de alto e baixo, bem e mal, dentro e fora, certo e errado.

Uma das primeiras lições que aprendi com meu professor, o Dr. Murphy, foi a de não ver diferença entre bem e mal, certo e errado, Deus e homem, pobre e rico. Existe uma só lei, uma só substância – e eu sou *um* com tudo isso!

A maioria dos esoteristas carrega também sempre consigo uma balança de ouro, na qual pesam as ações dos outros para depois julgá-las. Procure nunca julgar, pois onde não houver juiz não haverá sofrimento.

Tudo o que você pode conseguir ou almejar na vida é uma manifestação da competência divina e só começa a ser "bem e mal" através do seu eventual julgamento!

É claro que um homem jamais é apenas o que vemos em sua aparência exterior. Mas não existe nenhuma diferença entre interior e exterior. O que parece estar estragado e podre por fora provavelmente também se encontra distante da harmonia, do contentamento e da felicidade por dentro.

Por certo está errado rotular de imediato um homem como um sucesso, só porque ele veste ocasionalmente uma roupa cara. Muitas vezes deixamo-nos distrair ou enganar pela aparência exterior. A aparência pode ser genuína, mas não obrigatoriamente. Temos aqui um ponto de partida, em que todos deveríamos aprender a saber discernir.

Ao tentar seguir o caminho proposto neste livro, nunca vá ao ponto de cair em situações de estresse. Quando você entender corretamente o teor do que escrevi, tal como eu pretendi, isso nunca ocasionará o que chamamos estresse. Não alimente a ambição de querer ser bem-sucedido agora. A única coisa a fazer é *aceitar* as conseqüências lógicas dos seus pensamentos e ações.

Quem realiza estas obras é o Pai que permanece em mim.
(Jo. 14, 10)

Ter sucesso no sentido primordial nada tem a ver com o trabalho bem-feito. Este livro não pretende impor obrigações cuja não-realização o faça ficar eventualmente decepcionado consigo mesmo. Por certo, voltarei ainda muitas vezes a esta afirmação. Mas você também deve pensar assim: o que se deseja de bom e belo jamais estará em oposição a qualquer lei espiritual.

O meu Deus há de satisfazer esplendidamente a cada uma das vossas necessidades na medida de sua riqueza. (Fl. 4, 19)

Se alguém já conseguiu alcançar um dos objetivos que escolheu, você também poderá lutar por ele. Não deixe que os assim chamados esoteristas o arrastem para a correnteza da "pobreza que agrada a Deus". Eu sou, tal como o Dr. Murphy e muitos outros, da opinião oposta: é a *falta* de desejos que gera penúria e miséria.

Para mim, bem-sucedido é aquele que possui algum dos bons talentos deste mundo. Mas, possuir "algum" não quer dizer possuir "pouco". Não há nada que não exista em quantidade suficiente. Dizendo melhor: existe bastante de tudo. A insuficiência só é criada pela nossa maneira quantitativa de pensar.

Um conhecido meu me disse há pouco tempo: "Na verdade, ainda estou vivendo muito bem. Estive na África do Sul e vi a pobreza que reina lá. Portanto, devo contentar-me com o que tenho." Mesmo depois de minha explicação, ele não conseguiu entender muito bem que, ao possuir algo, não estava tirando nada de ninguém; que ele não devia orientar-se para baixo, mas para cima; que só possuindo algo, poderia dar algo. *Só quem tem pode dar.* Esse homem acreditava que, como bom cristão, devia ser solidário com os pobres. Quando lhe perguntei a quem sua tão grande frugalidade material voluntária beneficiaria, não soube responder.

Contudo, ao falar de sucesso, deveríamos nos lembrar também de que este não é feito de matéria. Em certas circunstâncias, a matéria é apenas uma expressão do sucesso e nada mais. Expliquei a meu conhecido que seu grande conhecimento de medicina também era uma posse que ele não tirara de ninguém e que, através das suas extraordinárias e bem-sucedidas terapias, muitos agora poderiam compartilhar e tirar proveito delas. Nesse momento, ele começou a compreender e aceitar.

Até aquele momento, sentira-se obrigado a ser solidário com os pobres. Mas a quem serve essa atitude? Quem compraria um pão com ela? Creio que ninguém. Quem quer que acredite ter de ajudar aos outros (aos pobres) e não a si mesmo deveria primeiro pensar nisto: o que terei a dar, se eu mesmo for pobre? A quem poderei ser útil nessa situação? A insuficiência material é sempre apenas a *expressão* da insuficiência espiritual. Se quero ajudar aos chamados pobres, preciso ser capaz de servir de exemplo; e só quando puder ser reconhecido pelos meus "frutos", poderei ser um exemplo. A solidariedade aos pobres revela que o solidário sofre de falta de conhecimento a respeito das razões do porquê há ricos e pobres. Quando alguém procura encontrar o caminho certo, de nada lhe serve o gesto amigo de outro que também errou de caminho; aquilo de que necessita é um *guia*.

Nesse caso, um pobre deveria procurar apenas pessoas ricas para chegar a saber algo sobre a riqueza; um doente deveria escolher como conselheiro uma pessoa sadia. Quem estiver sedento no deserto, não se consola com a sede do outro, mas precisa de quem lhe possa dar água! Muitas vezes interpreta-se o sentido da palavra solidariedade de maneira errônea. Graças à solidariedade pode-se fundar um clube para diversão comunitária, porém isso dificilmente resultará em mudança de *status*. Seja o que for que queiramos obter, *necessitaremos de alguém que já possua o que procuramos.* Admiro o ator Karl-Heinz Böhm, admiro o amor e o sacrifício com que ajuda a atenuar a pobreza e a escassez na África. Ele não procede como um monge mendicante, e sim como um homem rico; é rico em conhecimento sobre as causas da pobreza, rico em relações com outros ricos (povos). Karl-Heinz Böhm conhece bem seu próprio valor pessoal; sua relação consigo mesmo é marcada pela confiança e pela fé na própria força. Sua ação baseia-se no extraordinário amor que tem ao próximo. Este amor nasce do natural e sadio amor por si mesmo. Ele sabe, há muito tempo, que em si mesmo está a origem de tudo o que pode irradiar.

Se Karl-Heinz Böhm fosse solidário com os pobres, poderia sentar-se no meio deles e passar fome com eles. Cheguei a conhecer esse homem grandioso anos atrás, e presenciei como era confiante, aberto para o mundo, amigo e carinhoso. Querido Karl-Heinz Böhm, que seu abençoado trabalho possa ajudar as pessoas que recebem esse auxílio a ajudarem-se a si mesmas e a servirem de exemplo para os outros a fim de que percebam aquilo de que o nosso mundo necessita: amor, sabedoria e disposição de servir. Você é um exemplo para muitos que buscam uma tarefa. É bom saber que você existe.

Meu caro leitor, creio que concordará comigo quando digo que o homem bem-sucedido deve ser *rico* de amor e que sua vida deve ser *rica* em alegrias. Costumamos fazer votos para que alguém tenha saúde *perfeita*, isto é, *muita* saúde; fazemos votos para que tenha *sempre* satisfação, isto é, *bastante* satisfação. A saúde, por exemplo, é um princípio que nunca se tornará um artigo raro, mesmo que todos a queiram. É apenas o nosso modo de pensar quantitativamente que nos faz crer que aquele que tem cem mil marcos é rico.

No entanto, o dinheiro não existe ilimitadamente; por conseguinte, alguns devem ficar com menos. A verdadeira riqueza é sempre a riqueza *espiritual*, a felicidade, o amor, a saúde e a paz. O que comunga em *pensamento*, se possível todos os dias, com essas riquezas, em pouco tempo será também testemunha da abundância material.

Avalio o sucesso deste livro observando até que ponto seu conteúdo dá condições ao leitor de ser feliz e capaz de participar do sucesso universal.

Quando, após a leitura deste livro, você começar a mudar positivamente a sua vida, por favor comunique-me isso. Cada mudança em sua vida que o deixar mais feliz e satisfeito será para mim a melhor recompensa.

Você é ilimitado por natureza e tem o poder que estiver detendo. Em cada momento, você tem o poder de se renovar a partir de si mesmo; basta que reconheça o poder de sua própria imaginação. Tente não ver mais a diferença entre riqueza e pobreza. É apenas seu *modo de ver* que o deixa pobre ou rico. Entregue-se sem reservas ao bem-estar e à abundância do universo e tudo ficará bem.

Cada qual recebe aquilo que provoca, mas só o homem bem-sucedido é capaz de admitir isso!

Ser bem-sucedido significa ser consciente

Nada há no universo a não ser consciência. Falando mais precisamente, todo o universo é consciência, um Ser *consciente*. Tudo o que observar ao seu redor é manifestação da criação, é consciente. Por certo é difícil admitir que uma pedra tenha essa qualidade de vida. Em se tratando de uma montanha, já é mais fácil acreditar que ela tenha uma alma ou personalidade. Admitir que mil parafusos tenham "consciência" parece absurdo; mas a um automóvel inteiro muitos motoristas conferem vida própria, falam com ele e o animam quando faz "manhas".

Já no mundo das plantas quase todos estão inclinados a admitir uma vida psíquica. Leia o ótimo livro de

C. Bäkster, *A secreta vida psíquica das plantas:* trata-se de uma obra excelente.

A vida animal é o segundo grau hierárquico de consciência. Não é bastante evidente que os animais possuem caráter, personalidade, individualidade? Em alguns delfins e chimpanzés o limite animal-homem já se tornou bastante insignificante. Essas duas categorias de animais encontram-se na condição de reconhecerem *a si mesmos* num espelho, enquanto o cachorro, por exemplo, ainda pensa estar vendo outro animal de sua espécie.

Ao lado disso, a matéria é o nível mais baixo da energia e esta, por sua vez, é uma manifestação do espírito. O espírito, porém, é a manifestação da consciência.

Como ser humano, você é uma consciência especial, *individualizada*. Em comparação, Deus é a consciência universal de *princípio*.

Cada um de nós sente o desejo, mais ou menos consciente, de se aproximar do divino dentro de nós, isto é, de espiritualizar o corpo e, assim, encarnar finalmente o espírito. O único impedimento nesse caminho é o que chamamos de "ego"! Nosso egoísmo e nosso intelecto nos separam da nossa espiritualidade e nos impedem de caminhar em sua direção. Somos egoístas por ignorância e por amor-próprio aparente. Mas, visto à distância, o certo é que a evolução, cujo objetivo é a superação do ego e da individualidade, se impõe. Nossa consciência amplia-se através das nossas *experiências*.

A matéria simboliza a forma mais baixa da consciência e, desse modo, em contrapartida, a consciência é a forma mais elevada da matéria. Espírito e matéria são conversíveis, permutáveis. Temos condições de entender, quando se diz que "Deus manifesta-se pela sua criação: a criação e Deus são um".

A Igreja não tem levado em conta a inteligência do homem, porque ela criou um Deus pessoal. Deus não é uma pessoa, nem se preocupa pessoalmente com você. A palavra Deus simboliza o princípio imanente ao universo. Imagine que este princípio é comparável à organização de uma casa, que muitas vezes é uma ordem que não foi escrita, mas nem por isso deixa de existir. Orando e pedindo, talvez você possa levar um homem a fazer determinada ação, nunca porém um princípio orientador.

Nós, seres humanos, já nos distanciamos da consciência animal. Gosto de comparar esse processo à alvorada de um belíssimo dia: meia hora antes do nascer do sol, a noite – o inconsciente – começa vagarosamente a ceder; vai clareando cada vez mais, há mais luz, a consciência desperta. É a ressurreição de Deus no homem. O dia fica mais claro e, de encarnação em encarnação, nossa imagem no espelho torna-se mais nítida. O que nos distingue do que fomos ontem, é o impulso para obter mais consciência e compreensão.

A criação recebeu uma coroa, que simboliza o consciente que se conhece a si mesmo. A partir de agora, somos dominados pela pergunta: "Quem sou eu?" A resposta vem na medida em que a evolução se realiza.

Neste caso, convém também ser paciente. Da mesma forma, no primeiro ano letivo não se transmite conhecimentos adequados ao décimo ano. A compreensão e a consciência se ampliam evoluindo durante muitos milênios.

Pessoalmente sou partidário da teoria da reencarnação, que se baseia na idéia de que toda vida é imortal e evolui para níveis cada vez mais elevados de consciência.

Quanto ao que nos diz respeito, como seres humanos, após nossa morte corporal, passaremos uma temporada, por ora indeterminada, numa esfera intermediária, para depois começar uma nova vida num corpo humano. A hipótese parte da idéia de que, numa nova encarnação, trazemos conosco o grau de maturidade anterior e de que a busca da compreensão prosseguirá.

Na prática clínica, é sempre uma experiência maravilhosa para nós, terapeutas, testemunhar como um paciente revive pela regressão as várias etapas de sua própria evolução.

Desse modo, dez a vinte etapas da vida anterior podem ser evocadas novamente ao consciente. É como se abríssemos uma cortina e surgissem imagens que, sob a direção competente do terapeuta, se transformassem em ocorrências. Durante um relaxamento muito profundo – a hipnose nesse caso é desnecessária –, épocas passadas podem ser totalmente revividas, consciente e objetivamente.

Em alguns casos, consegue-se também lançar um olhar para o futuro. Quando o controle do intelecto racional perdeu a supervisão, é possível saltar a barreira que limita o futuro. Aquele que, por exemplo, num regresso desse tipo, sente a própria morte, quase sempre fica com impressões extraordinárias daquilo que aconteceu nessa ocasião.

Max von Winterthur, um dos participantes do seminário, disse, após ter vivido sua própria morte: "Quando nascemos, choramos, e todos os presentes riem. Quando morremos, rimos, e todos os presentes choram". Queria com isso dizer que ir para a própria morte, conscientemente e sem medo, retira desse processo todo o mistério e leva a pessoa a experimentar o ciclo da morte e do renascimento. Recomendo esse regresso a toda pessoa que teme a morte; dependendo de sua personalidade, esta experiência lhe possibilitará também enfrentar os futuros anos de vida.

> *Tenho muito medo de morrer,*
> *Contudo, isso não evita a minha morte,*
> *Mas me impede de viver.*
>
> Kristiane Allert-Wybranietz

Contudo, para as naturezas muito temerosas, certamente seria melhor não conhecer o tipo de morte que as aguarda e a terapia deveria concentrar-se no passado.

Aquele que, meses após o regresso, torna a viver, ouvindo uma gravação, as experiências de vidas passadas, por certo obtém a partir daí uma transparência maior e uma nova atitude diante de si mesmo e da vida em geral.

Depois, quando tivermos atingido um grau tão elevado de consciência que o novo papel na vida terrena se torne supérfluo, o circuito de morte e nascimento terá cumprido seu papel. Tal vida derradeira será então a vida de um homem que entra para a história. Até agora, a iluminação ainda é uma exceção, em conseqüência do nosso baixo nível de evolução. No entanto, nomes como Jesus, Buda, Bhagwan, Lao-tsé, revelam qual pode ser o nível final.

O pensamento é a força que move o mundo

Não damos nenhuma força ao pensamento. Ele *é* força! Nossos pensamentos são a expressão de nossa consciência e representam a força que move o nosso mundo. A consciência é a base e a formação de tudo.

Deus é o *Ser* puro e não-condicionado. Ele se expressa pelo consciente. O movimento da consciência é espírito. O passo que já não distingue mais o espírito da energia já foi dado pela moderna física nuclear. (Charon: *Der Geist Der Materie* [O espírito da matéria].) Energia, espírito e matéria são formas diferentes de expressar uma única e mesma coisa.

O sucesso é conscientização, outra palavra para conhecimento. E é exatamente nisso que está, em sua totalidade, o sentido da vida humana. Pense um pouco nisso. A solução de problemas passados conferiu-lhe importantes conhecimentos. A solução dos problemas atuais depende desses conhecimentos. E quanto maiores forem eles, tanto menores serão os seus problemas futuros.

Qualquer transformação em sua vida ocorre aqui e *agora, neste* momento. As transformações são resultados de conhecimentos que nascem dos nossos atos.

Logo, esses conhecimentos são os *degraus* para a nossa redenção e iluminação.

Ter sucesso significa ter confiança cega em suas aptidões

"Tudo se passará segundo a vossa fé", diz a Bíblia. Adotando o lema de continuar firmemente no caminho que se escolheu, o único resultado possível será o sucesso. Assegure-se antes da exatidão de seu plano e, em seguida, persiga o objetivo até obter a vitória.

Saber que você possui todas as faculdades necessárias e que sua fé em alcançar o que deseja é forte; isso o torna capaz de ser bem-sucedido.

Dê a você mesmo esta sugestão: "Para aquele que tem fé todos os canais estão livres e todas as portas abertas. Eu me mantenho firme no que imagino com meu espírito. Deus e eu sempre somos bem-sucedidos. Como as idéias que tenho estão em conformidade com as leis espirituais, a inteligência infinita de Deus me abre todos os caminhos. Caso surjam alguns problemas, cada idéia inexeqüível me abre duas novas possibilidades. Eu atraio aquilo que afirmo com fé."

A poluição ambiental, citada tantas vezes atualmente, é o resultado da falta de higiene psíquica; ela nasce da sujeira mental e manifesta-se forçosamente em nosso mundo material. Se desse "mundo exterior" – que é, na verdade, o seu "mundo interior" – lhe surgirem preocupações e problemas, você só poderá mudar a situação se reconhecer que deve começar pela ponta que você mesmo tem na mão: em você mesmo. Tudo o mais acontecerá depois por si mesmo. *Refletir torna o homem superior.*

Quando você reconhecer que determinada idéia está certa, deve segui-la até o fim. Só chega ao fim aquele que se atém firmemente à sua idéia.

Deus o criou para que você participe de Seu sucesso. Deus, aqui, é uma expressão simplificada do princípio da vida, sobretudo como um princípio bem-sucedido. Este é simplesmente a potência máxima e a expressão da competência divina. A natureza desconhece problemas, só pensa em soluções. E você é *uno* com a natureza.

Nenhuma árvore, por mais forte que seja, resistirá para sempre à batida do machado; é apenas uma questão de tempo e de paciência do lenhador; em certo momento ela se inclinará e cairá. Assim também os seus problemas se dissolverão em nada se mantiver em mente, atenta e constantemente, o objetivo e der uma martelada após outra no ponto exato. A constância é uma das qualidades mais importantes de que você necessita para que o sucesso que faz tenha sentido! Lembre-se de que o homem bem-sucedido começa exatamente no ponto onde o fracassado pára. *No fundo, o sucesso nada mais é do que superar o medo de falhar.*

Ter sucesso significa responsabilizar-se inteiramente pela sua própria vida

Normalmente, o homem individual torna-se um grande mestre na enumeração das razões por que não vai bem e por que isso ou aquilo não dá certo. Mas aquele que se ocupar, durante certo tempo, com leituras iguais, por exemplo, à deste livro, estará deixando de lado justamente essa possibilidade de culpar o mundo que o cerca.

O medo da responsabilidade leva muita gente a adotar uma política semelhante à do comportamento de um avestruz. Muitos se comportam como criancinhas, assumindo uma atitude altamente ingênua com relação a si mesmos e ao ambiente, só para não serem, eles próprios, culpados pelos acontecimentos desagradáveis. No entanto, com uma atitude correta e responsável, poderiam creditar a si mesmos também os motivos dos sucessos.

Exatamente assim era uma senhora que conheci. Ingênua, com a desculpa de que isso acarretaria demasiada inquietação e mudança em sua vida, só muito cautelosamente começou a admitir e a praticar o pensamento positivo. Até então lhe fora confortável colocar a culpa de todos os males nas circunstâncias exteriores, pelas quais não era responsável! Hoje ela está satisfeita por ter entrado em contato com o pensamento positivo e construtivo. Tudo agora é mais fácil do que antes. Ela aceita responsabilizar-se pelo que faz e assim ficou mais calma, satisfeita e se tornou bem-sucedida.

A maioria dos nossos contemporâneos procura compensar os erros com o aumento de horas diárias de trabalho. Aquele que conseguir reconhecer que o caminho de nossa vida é parte de nós mesmos, isto é, nasceu de nós mesmos, possuirá uma ferramenta que lhe permitirá ser, no futuro, o construtor desse caminho. Se tudo o que encontramos nesse caminho nasceu de nós mesmos, então *nada pode ser diferente do que é*. Uma mudança das nossas condições de vida só será possível pela mudança da consciência. A *matéria* só pode se desenvolver, quando a *consciência* se desenvolve!

É preciso que você comece a admitir que tudo de que tem consciência é idêntico àquilo que você pensa e, por conseqüência, determina a sua percepção! Você tem de parar de jogar a culpa, pelos seus aborrecimentos, nas circunstâncias *exteriores*! O mundo exterior não é o motivo de seu mau-humor, mas sua própria atitude mental e interior diante desse mundo.

Tome hoje esta decisão: *sou plenamente responsável pela minha vida. O que parece mau pode se dissolver no nada, mediante uma boa atuação.* Comece a formular o objetivo visado o mais nitidamente possível diante da visão espiritual e a amá-lo, porque aquilo que você ama virá ao seu encontro.

Tenha confiança no fato de que você pode fazer tudo o que outro homem faz. Pense como um homem bem-sucedido e você será bem-sucedido. Quem pensa positivamente e confia no próprio sucesso será ajudado por todas as energias do universo.

Todos os problemas que você teve até agora o forçaram a colocar à prova o que há dentro de você. *Você é uma obra-prima enobrecida pelo bom senso*. Você vai ao encontro de um grande objetivo, por isso não se detém com bagatelas. Pense generosamente.

> *Eu por mim.*
> *Você por você.*
> *Para o nós*
> *Devemos ambos fazer algo.*
> *Um sozinho não pode manter unido o nós.*
>
> Kristiane Allert-Wybranietz

Ter sucesso significa manter um convívio ideal

Como é que um homem pode dizer que obteve tudo — dinheiro e bens, amigos, fama, prestígio, poder — se, ao mesmo tempo, vive um inferno em seu casamento e quer divorciar-se?!

Ao sucesso em seu sentido fundamental — e, neste livro, só falamos nisso — pertence o céu na Terra, um convívio harmonioso. Esta convivência não depende disso ou daquilo e muito menos do acaso. A qualidade de seu casamento depende da consciência que você tem de você mesmo. Preste bem atenção: depende do seu *conhecimento de si mesmo*! (Re)conhecer-se a você mesmo — o autoconhecimento — traz como conseqüência que também se conheça melhor o outro.

Entre você e todos os outros existe apenas uma diferença aparente. Ver até que ponto você quer ou deve a todo custo se diferenciar do outro, depende da sua individualidade. Somos todos apenas *um* na múltipla manifestação. Pare de querer se realizar através da convivência; sozinho isso provavelmente será mais fácil. A convivência é uma oportunidade infinitamente maior para crescer em alma e em espírito. Ela não é uma soma de 1 + 1 = 2, mas uma potência múltipla: duas almas se unem.

Ter sucesso significa dispor sempre de bastante tempo

Todos os dias, cada um de nós tem vinte e quatro horas disponíveis de tempo. Se isso não é suficiente para você, este seria um bom motivo para colocar as coisas em ordem. De que adianta ter milhões, ter os melhores amigos, ter afeto e um bom casamento e tudo o mais que quiser, se você não tem tempo para usufruir disso? Já observou os homens bem-sucedidos que correm de um negócio para outro?

Sucesso é fazer tudo o que dá prazer e quando se sente vontade. Aquele que não tem tempo para saborear os frutos de sua vida é vítima de um mal-entendido fundamental. Simboliza o sucesso, mas não o aproveita. Falta-lhe o mais importante. Ter sucesso para que todos vejam, mas não saboreá-lo por falta de tempo, é enganar-se a si mesmo.

Não ter tempo demonstra falta de confiança, ou confiança questionável, nos outros. Isso ocorre com muitos contemporâneos. Acreditam que têm de fazer tudo sozinhos. Deles se ouve depois esta frase tão conhecida: "Se eu mesmo não fizer tudo..." Distribua as responsabilidades e limite-se, em todo caso, à supervisão do serviço!

Eu, pessoalmente, soube contornar antecipadamente essa fraqueza da maioria dos homens, aprendendo a confiar nos outros. Na medida em que confio em mim mesmo, posso também confiar nos outros. Reflita um pouco sobre isso. Para mim é extremamente importante ter tempo, e o que considero valioso para mim, recebe suficiente prioridade.

Ter sucesso significa ser plenamente sadio

Será que aquele que tem tudo, mas não é sadio pode ser feliz? Não ser sadio significa não estar em harmonia com as leis espirituais. Dito mais simplesmente: a completa concordância com as leis cósmicas é o objetivo de toda aspiração humana e a conseqüência disso é a saúde.

Na verdade, a saúde é a base que permite saborear todas as outras dádivas que a vida oferece. *É melhor ser pobre e sadio do que rico e doente*. Eis uma grande verdade!

Saúde na esfera da alma, do espírito e do corpo é a situação pretendida pelo princípio da vida. A saúde é um estado natural e cada alteração deste estado revela uma desarmonia na esfera psíquica do homem. A doença não é uma ocorrência natural, ela não é desejada pela natureza. Pelo estado de sua saúde você pode medir sua harmonia com as leis do cosmo.

Tempo virá em que a atividade do médico não será mais o tratamento do corpo, mas a cura do espírito; este, por seu turno, curará o corpo.

E, mais tarde ainda, chegará o momento em que cada um será seu próprio médico. Uma vida em harmonia com a natureza e com Deus desconhece dissonâncias como a doença, o sofrimento e a miséria.

Ter sucesso significa estar em harmonia consigo mesmo

Olhe bem para um homem considerado bem-sucedido. Escute o que ele diz e observe-o. É calmo, equilibrado e suave? Você sente que ele está em paz? Em caso afirmativo, alegre-se com ele. Em caso negativo, envie-lhe votos de felicidade e entenda que ele ainda não encontrou a si mesmo. Está no caminho, assim como você.

Bem-sucedido? Ainda não.

A harmonia é o sinal de quem chegou lá. Ela simboliza a medida máxima da calma, contentamento e prazer. Aquele que está em harmonia consigo mesmo nunca pode brigar com os outros. Brigar com os outros significa brigar consigo mesmo e provocar a repercussão disso no mundo externo.

Sou de opinião que a harmonia é a máxima expressão da auto-realização. Estar em harmonia consigo mesmo e com o ambiente ao seu redor significa viver ligado à energia do centro. Em última análise, todos os desejos e ambições do homem deveriam orientar-se rumo à harmonia, em consonância com a natureza.

Ter sucesso significa ser uma pessoa feliz

O desejo de felicidade e de paz é natural nos seres humanos. Somos felizes quando surge em nós o sentimento de satisfação, de realização e de plenitude. A felicidade tem origem na saúde, na amizade, na aprovação de uma boa consciência moral e na paz da alma. Nunca depende de fatores externos. Estes podem contribuir para a felicidade, mas não são, de modo algum, sua causa, e sim muito mais seu efeito.

Eventualmente você pode ter a sorte de estar com os bolsos cheios de dinheiro; tente, porém, comprar a felicidade. É impossível. O dinheiro é um símbolo com o qual se pode produzir algo no nível material. É verdade que o bem-estar material transmite uma sensação agradável, mas não a felicidade. Ser feliz é um estado de consciência, independentemente de tudo o que é material. Decida-se pela felicidade.

Em outro capítulo falarei sobre o fato de que a *decisão* de fazer algo já encerra 75% da energia necessária para alcançar um objetivo. Decidir-se pela felicidade significa, ao mesmo tempo, *não querer mais ter aborreci-*

mentos. O aborrecimento é a porta para a autodestruição e você deve deixar isso para trás bem depressa.

Diga, nesse momento, cinqüenta vezes: "*Decidi-me pela felicidade*."

Não faça isso, porém, de modo estereotipado; trate de absorver a afirmação da sugestão até que o processo se torne plástico e chegue a dominar seu futuro raciocínio. Para entender isso melhor, pegue dois pedacinhos de chocolate; coma o primeiro, mastigando-o, e, em seguida, após alguns minutos, o segundo; deixe que ele se desmanche muito lenta e gostosamente na boca. Do mesmo modo como este segundo pedaço, devemos incorporar as sugestões, deixar que se tornem parte de nossa natureza e sejam absorvidas pela circulação espiritual.

Esta sua nova maneira de pensar exercerá uma pressão sobre você, que corresponderá à sua afirmação da sugestão. Você será literalmente forçado a caminhar na direção do sucesso e da saúde.

Ter sucesso significa descobrir Deus no centro de si mesmo

Autodescobrir-se significa descobrir a Deus e esta é uma experiência que as palavras não podem transmitir. Quando você tiver procurado em todos os caminhos que já conhece e, por fim, mergulhar profundamente dentro de você mesmo, então você se encontrará. Deus e você são *um*. Todos os seres humanos, sem exceção, estão consciente ou inconscientemente neste caminho. Só quando reconhecer o verdadeiro "self", você poderá ultrapassar os velhos padrões.

A palavra Deus é para nós, seres humanos, a circunscrição de uma ordem de grandeza que jamais poderemos sentir com nossos sentidos. Ele é o princípio doador do sentido da criação. Além dos nossos sentidos está situada a esfera experimental, que possibilita, com a chamada contemplação mística, o que a religião descreve como a vivência de Deus. Voltaire dizia: "Se não houvesse Deus, o homem teria de inventá-Lo."

Para mim, ter sucesso significa restabelecer novamente uma relação direta com Deus e cultivá-la todos os dias, isto é, tornar-se de novo uma parte harmoniosa da harmonia totalmente abrangente do Todo e ser uma manifestação bem-sucedida da vida!

Muitos nomes foram dados a Deus, apesar de que *"quando O mencionamos, não podemos encontrá-Lo; quando O encontramos, não podemos mencioná-Lo"*. Deus é uma energia criadora, simultaneamente criador e criação. Na criação, o que circunscrevemos com a palavra "Deus" torna-se visível. Logo, o visível é o invisível que deixou de ser misterioso.

A matéria é Deus tornado visível. Uma compreensão mais fácil disso está contida na afirmação de que Deus se tornou homem no homem e, desse modo, Deus e o homem representam uma unidade complementar e condicionadora. Deus é o complemento sublime do homem. A conseqüência deste conhecimento poderia ser o fato de você se sentir ligado a tudo e perceber tudo como uma manifestação ampliada de seu próprio "self". Seja animal, vegetal ou mineral, tudo é outra reflexão ou outra forma de manifestação minha. Matar um animal significa então matar uma de minhas partes. Ferir alguém por atos ou palavras significa ferir a mim mesmo.

Este é um ponto de vista absolutamente correto e também compreensível. Há, no entanto, outras perspectivas segundo as quais tudo que é inferior serve a algo superior.

Por exemplo, matar um antílope por puro prazer significa ferir a si mesmo. Contudo, matar este animal para garantir a própria sobrevivência é algo muito diferente e absolutamente justificado. Mas, se tiver de escolher entre vários alimentos, será preciso refletir sobre o tipo de alimento mais adequado. A decisão de não matar não deve ir ao extremo de não se comer um rabanete. Seria igualmente um exagero evitar um passeio sobre o gramado porque poderíamos pisar num escaravelho. Não há dúvida de que, com a multiplicidade de pontos de vista, tudo fica inicialmente ainda mais complicado. Não temos necessidade de matar, nem devemos fazê-lo, mas, às vezes, isso é necessário à sobrevivência.

Por isso, viver com sucesso significa ter também a capacidade de organizar os compromissos. Você precisa agir conscientemente em tudo o que faz; coma o bife com prazer ou saboreie do mesmo modo uma refeição vegetariana, segundo a sua preferência pessoal. Isso se relaciona com alguma forma de transformação, o que é inevitável. O que é inferior serve de alicerce para algo superior. O que chamamos de cadeia alimentar não é um acaso, mas uma realidade planejada que não podemos, de modo algum, contornar.

Os legumes não se opõem a serem comidos. Ao contrário, ao entrarem no organismo humano alcançam um nível mais elevado de vida. Além disso, quem se alimenta não comete assassinato no sentido real do termo; quando comemos, não matamos formas de vida; estas apenas se transformam. Tudo no universo é transformação sem início e sem fim; nenhuma criatura pode realmente matar outra criatura. A palavra "matar" é uma interpretação errônea de transformação. Nada jamais se perde. Tudo flui rumo ao oceano do infinito.

Cortar o cabelo também significa matar células vivas, mas não se pode evitá-lo pois isso não representa uma infração das leis espirituais.

Somos parte de um gigantesco Todo e este reconhecimento nos leva, por fim, à paz interior e à harmonia, uma vez que não há nada a não ser o nosso "self". Encontrar Deus no centro de si mesmo significa atingir a paz e a felicidade. Nada é mais simples de encontrar do que Deus.

Eu vim para que tenham vida e vida em abundância. (Jo. 10, 10)

Ter sucesso significa ter amigos leais

O que se chama freqüentemente de amizade é apenas uma comunhão de interesses. Só quem for amigo atrai as amizades. Pense a respeito dos seus amigos. Eles procuram ficar perto de você devido à sua generosidade? Por que você gosta de dar? Depois pergunte: meus amigos ficariam do meu lado mesmo que eu não tivesse nada?

Examine também a você mesmo: oferece a sua amizade porque lucra com isso ou o faz simplesmente a partir de um sentimento bom, por amor à amizade? Pouca coisa está tão prostituída como a noção de amizade. Reflita um pouco sobre o que você entende por isso. Nessa ocasião, você pode fazer uma experiência: ouça os seus pensamentos espontâneos, quando indagar: "Sou amigo? Tenho amigos?"

A amizade é uma das formas do amor, e este dá, jamais tira. O amor não necessita de condições prévias e não se pode fingi-lo.

Logo, o amor não pode estar sujeito a enganos. Se você foi alguma vez iludido por um amigo, então este nunca foi seu amigo. É provável que você tenha projetado sua amizade por ele, mas agora é chegado o momento de pôr isso às claras. *Enganou-se* com ele e agora ele o *desiludiu*. Seja grato por essa desilusão; ela lhe mostra a verdade e você se auto-reconhece ao se perguntar: "Por que menti e enganei a mim mesmo? Minha necessidade de ter outros seres humanos à minha volta é tão grande que me presto a essa situação mesmo ao preço da mentira (ilusão)?"

Pergunte-se: "Para que preciso deste ou daquele amigo?" E quando tiver uma resposta, pergunte mais uma vez, com toda a honestidade, se ele é realmente um amigo. A amizade verdadeira não deve ser determinada pelo proveito ou pela utilidade.

A amizade é uma relação de amor. Dê uma boa peneirada nos que considera amigos; muitos vão passar a ser simples conhecidos e isso é positivo, porque assim você não terá mais desilusões.

A espiritualidade necessita de idéias claras e precisas. O consciente expressa-se em linguagem límpida e plástica. A consciência é a base da vida e não dá a meros conhecidos o nome de "amigos", e vice-versa. Tome muito cuidado com o seu modo de usar o grande dom humano da fala. A bem poucos chamo de "amigos", mas a milhares dou o nome de bons "conhecidos".

Ter sucesso significa não forçar nada

A maioria dos homens trabalha até "cair". Excedem-se tanto que essa "queda" se manifesta com freqüência nas doenças. Eles procuram, por exemplo, realizar um contrato de venda fazendo uma enorme pressão. Quantos truques não desenvolvem apenas para alcançar esse objetivo!

Todos os que se ocupam com as leis espirituais aprendem logo que, sem pressão e sem força, tudo se torna mais fácil. Pode ser que algumas vezes a força pareça necessária, mas a pressão sempre leva, aos poucos, à contra pressão, o que diminui e perturba sensivelmente sua aparente utilidade. Aquele que procura obter algo com grande veemência demonstra com isso falta de confiança em si mesmo.

Em vez de querer atingir o objetivo mediante pressão, é melhor e mais simples adotar medidas que evoquem a confiança. Tudo o que quiser conseguir será possível com a fé. Este é o ponto de partida para o sucesso. A força é sempre uma expressão de fraqueza. Lembre-se de sua fé e será bem-sucedido. Sua atitude interior é decisiva para você alcançar o objetivo almejado.

Decida-se o mais rápido possível por um plano ou objetivo em sua vida, a fim de poder colher o sucesso.

Para esclarecer a importância da *atitude* em relação às nossas ações e ao nosso sucesso, eis o que um pai escreveu:

"Meu filho tem quinze anos e é perito em eletrônica e computadores. É lógico que, em tais circunstâncias, tenhamos um aparelho destes em nossa casa. E esse computador é, mais uma vez, a comprovação da grande importância de nossa atitude interior em relação ao nosso modo de agir. Meu filho fica horas a fio diante desse instrumento programando, examinando e experimentando sem demonstrar o mínimo sinal de cansaço. Com entusiasmo no olhar e numa atividade quase febril, só se separa de sua tela compelido pela autoridade paterna. O mesmo rapaz interrompe, depois de vinte minutos, o estudo de francês, que o esgota completamente. Sua atitude interior determina o interesse e o desinteresse atuando até sobre o corpo, paralisando-o ou ativando-o."

Durante a leitura deste livro, procure descobrir por que acontecem mais coisas devido à tolerância do que pela imposição! Desejar é uma forma de energia que se agrega no nível da matéria. Com o desejo (a vontade) você pode facilmente transportar um monte de areia de um lugar para outro. Mas com a força de vontade não pode forçar o aparecimento de uma idéia, e não pode produzir um sentimento dentro de você mesmo ou dos outros. A vontade é uma energia que representa, na esfera metafísica, um impedimento proporcional à sua força; essa energia efetua depois um bloqueio.

A melhor possibilidade de ser bem-sucedido consiste em aprender a usar a energia apropriada a cada caso: o poder de seu subconsciente. A fé e a confiança têm um grau de eficácia muito mais elevado do que a vontade; de forma que, no início, isso parecerá inacreditável ao novato no terreno metafísico.

Todos nós aprendemos a não ligar uma lâmpada a um condutor de água; sabemos que, nesse caso, apenas a energia elétrica é a forma adequada de energia que acende a lâmpada. Um carro não anda movido pela fé, exige combustível, que libera a energia apropriada de que ele necessita. Uma máquina de lavar necessita de água e de energia elétrica para cumprir seu papel e não de palavras de carinho. Quer dizer que, nesses casos, utilizamos a energia adequada.

O mesmo é válido no domínio espiritual. O amor, a saúde, a harmonia, a paz, a liberdade e o contentamento não se compram com dinheiro e tampouco são obtidos pela força muscular. Esses valores não podem igualmente ser forçados, porque não estão sujeitos à nossa vontade. Nesse terreno, são acertadas apenas energias como a fé, a confiança e imagens mentais claras, a fim de chegar ao sucesso.

Tudo o que está escrito neste livro a princípio terá somente um valor teórico, a não ser que *você* o ponha em prática. O melhor cozinheiro do mundo pode preparar a mais deliciosa refeição, servi-la da maneira mais requintada; comê-la, no entanto, é coisa que você mesmo tem de fazer.

Neste ponto, peço que leia mais uma vez todo o capítulo e que pense sobre ele!

Tenho mais fé na força do pensamento do que na força de palavra falada ou escrita!

Você quer ter sucesso?

Estou me referindo ao significado principal do sucesso: ser feliz, cheio de amor, estar em harmonia consigo e com os outros, gozar de plena saúde. Você quer que essa harmonia da parte com o todo também se expresse de maneira visível? Então siga um pedaço de caminho comigo; a mansidão e a consciência devem ser os nossos companheiros.

Dentro de você jazem aptidões insuspeitadas à espera de serem descobertas. Faremos juntos uma bela viagem a um mundo onde vale a pena viver, um mundo que existe e que encerra tudo o que você necessita para a felicidade individual e para a auto-realização. Nada está predeterminado. Sua vida é como o argumento de um filme, cujo final ainda não foi escrito. Sozinho, você decide se será rico ou pobre, sadio ou doente.

Podemos aprender a ser felizes

O caminho para o sucesso e a riqueza nunca é um caminho de trabalho árduo. É um caminho para se reconhecer as aptidões e para aprender a usá-las corretamente.

Se até agora não conseguiu alcançar seus objetivos, você precisa reconhecer que, o mesmo potencial que o levou até este momento ao insucesso, será capaz de levá-lo também ao sucesso. É mais agradável ser sadio e rico do que doente e pobre. A quantidade e espécie de energia de que precisa para isso são as mesmas. Você precisa reconhecer que suas *convicções* modelam suas *experiências*. Por isso, enquanto estiver lendo este livro, você deve evitar todo tipo de idéia que *forçosamente* o conduzirá à experiência negativa!

Admita que qualquer mudança de vida acontece "aqui" e "agora", ocorre neste instante; jamais pode acontecer no passado ou no futuro. Só existe um *agora*! Você tem o poder, o direito e até a obrigação de mudar sua vida rumo ao que é construtivo e positivo. Mas você só tem o poder que *captar*.

Lembre-se sempre de que pensar de modo construtivo implica o maior poder do universo: o poder da verdade! Tudo o que nós, seres humanos, queremos é, falando com simplicidade, *a felicidade*, e justamente isso é possível aprender. Ter felicidade é o resultado de pensamentos afortunados. E o que você pensa depende unicamente da sua decisão.

Ser bem-sucedido, no sentido principal, jamais foi uma questão de inteligência ou de atividade diligente. A inteligência, tal como a entendemos e praticamos, é ainda tão infantil e tão nova no contexto da evolução, que solucionar um problema com ela é mais difícil do que fazê-lo sem ela. A aplicação e o trabalho excessivo antes nos impedem o sucesso do que nos conduzem a ele. Ao contrário, desenvolver o pensamento e a intuição e, em seguida, fazer o que é certo, é um caminho reconhecido por todos os homens bem-sucedidos para atingir o objetivo da vida. Cada pessoa que trabalhe mais de seis horas por dia, faz isso usando as horas extras, em detrimento de seus interesses e objetivos. *Cada* imaginação elaborada na mente é a *verdadeira* substância invisível das coisas.

O primeiro passo do buscador só pode ser refletir. Refletir sobre si mesmo e sobre seus objetivos. Mas, para refletir, necessitamos de tempo. Visto que você tem tanto tempo como qualquer outra pessoa neste mundo, comece então pelo *trabalho mais lucrativo*, isto é, o trabalho com você mesmo e com o fato de que precisa alcançar a calma! Trata-se de um bom início para todos os atormentados que perseguem o sucesso.

Este livro o ajudará a se tornar um homem bem-sucedido e feliz, dentro de alguns meses. Torne-se um aluno da *universidade da vida* e estude as leis espirituais. Em pouco tempo, já não perguntará mais pelo que a vida lhe trará; você será ativamente o arquiteto da sua vida, porque você mesmo modelará o seu futuro. Tudo quanto você é, resulta daquilo que você pensa.

Já durante a leitura deste livro você começará a se tornar como quer ser e a se aceitar tal qual é.

> *Você diz que não pode.*
> *Você diz que não dará cabo da tarefa.*
> *Você diz que jamais alcançará a sua meta.*
> *Você diz que é difícil demais, que é impossível.*
> *Mas você nem ao menos tentou!*
>
> Kristiane Allert-Wybranietz

Ter sucesso é uma missão divina

Para toda pessoa que busca, descobrir a verdadeira natureza do ser, sentir como aquilo que parecia intransponível se torna de repente transparente como o ar límpido da madrugada de um belo dia de primavera, constitui uma maravilhosa felicidade. Faça a maior viagem exploratória da vida! Seja o que for que estiver procurando – Deus, felicidade, riqueza, sucesso, amor –, sempre voltará ao ponto de partida da sua busca: você mesmo. Irá reconhecer a você mesmo e, nesse reconhecimento, encontra-se o objetivo que se manifesta sob mil formas exteriores aparentes. O início e o fim, a causa e o efeito, são idênticos.

Você é o alfa e o ômega. Tudo o que vale a pena ser ambicionado está dentro de você e sempre esteve. Deus, riqueza, sucesso, felicidade e amor surgirão em sua vida na medida em que se tornar consciente de que apenas o seu (não)-consciente o separou de tudo isso.

Descubra suas próprias pegadas e reconheça-se também no outro. Reconheça a energia verdadeira, a inteligência criadora que existe dentro de tudo! *No princípio era o verbo e o verbo estava com Deus*. O universo inteiro e, desse modo, também este planeta e você nasceram do espírito de Deus.

O princípio criador da vida dentro de você é um princípio espiritual. Tudo quanto puder tocar ou perceber com os sentidos é uma cristalização dessa energia criadora. Quando a Bíblia diz que "o Pai e eu somos *um*", isso quer dizer que o espírito de Deus e o seu são idênticos.

Existe então em você a mesma energia criadora. Sua palavra é a realização do pensamento assim que suas palavras se transformam em atos. Os pensamentos se densificam na matéria e surgem nas dimensões do espaço. Tudo o que existe é pensamento cristalizado. O que você é hoje resulta dos seus pensamentos criativos passados e você se tornará no futuro o resultado dos seus pensamentos atuais.

Você cria as coisas que não existem por meio do pensamento.

Faça o favor de ler mais uma vez estas páginas e depois interrompa um pouco a leitura; talvez seja bom pensar um pouco e refletir sobre isso.

Aquele que não troça de si mesmo não está entre os melhores.

(Goethe)

No dia 1º de abril

Um psicólogo diplomado me enviou um dos seus pacientes, com as seguintes palavras: "Não há nada para analisar nele. Ele não regula bem, só isso!" Nesse dia, aprendi que ter humor é rir apesar de tudo. Ao apresentar-se, o senhor Klaus K. me disse: "Sou uma pessoa que faz muitas perguntas e por isso acho que sou constantemente enganado". Mas ele dizia também: "Ontem meu futuro valia um dia a mais do que hoje, e para poder mudar isso é que resolvi vir ver o senhor."

O senhor Klaus me contou que há anos pensava em suicidar-se, mas por ser materialista considerava a morte algo particularmente trágico e, assim, não podia se decidir. No entanto, desde que lera meu livro *O subconsciente, fonte de energia*, sentia-se, apesar das suas depressões, completamente feliz, porque o que lera tratava a desesperança de forma mais positiva. Por isso, decidira que, em vez de prosseguir não fazendo nada, seria preferível começar a fazer alguma coisa e, em seguida, entregar-se a ela de vez.

De início, não entendi muito bem o que ele queria dizer. Depois, no entanto, ele me explicou que, desde há muito tempo, não sabia para onde queria ir, mas que estava sempre bem claro para ele que iria chegar lá.

Até então constatara que onde quer que estivesse nada dava certo, mas, no fim das contas, também não podia estar em toda parte. Uma semana antes, haviam-lhe tirado todo o dinheiro, quando ele saiu – depois de oito horas — de um táxi em Munique! Ele havia dito ao motorista: "Leve-me para qualquer lugar, em toda parte precisam de mim." Com essa aventura entendeu que saber é poder e que não saber também não produz nada.

Ainda assim, o senhor K. achou preferível ser secretamente esperto do que honrosamente estúpido. Saiu então do carro, porque uma vez que perdera a perspectiva das coisas, deveria pelo menos ter a coragem de se decidir. Quando me perguntou de um fôlego se isso estava certo, também só pude lhe responder com um decidido "talvez". No curso do meu trabalho, estou acostumado com acrobacias espirituais e intelectuais, mas, neste caso, tomei conhecimento de uma nova dimensão. Será que tudo isso não passava de uma bela brincadeira?

Em seguida, ele me contou que, além de tudo isso, um ano antes fora abandonado pela segunda esposa. Certamente naquele momento ele soube, através do meu livro, que o bem sempre vence, e que o mal trabalha com lucro. Tentei explicar que, na verdade, ele não tinha motivo algum para grandes preocupações, que ninguém era inútil; na pior das hipóteses, ainda seria útil como um mau exemplo; que eu teria uma solução a lhe oferecer, só que lamentavelmente ela não se ajustava bem ao problema.

Quando ouviu isso, levantou-se de um pulo, agitou-se selvagemente, dizendo: "É exatamente isso, constatei que ter pensamentos nunca é suficiente, é preciso saber expressá-los. Na vida, eu queria estar na frente, mas isso para mim era sempre ficar muito para trás." Por isso seu lema era: "Não há nada a fazer, então comece de uma vez." Provavelmente chegara a essa atitude por intermédio de seu pai, que era conhecido, em sua empresa, pelo fato de primar pela ausência; em compensação, tinha uma grande presença de espírito: quando havia inspeção, substituía a calma do espírito por muita atividade febril.

45

Faz um ano, dizia o senhor K., começara a ler meu livro *O subconsciente, fonte de energia;* na ocasião, estava à beira de um abismo e naquele momento já se encontrava bem mais perto dele...

No final da conversa, sentia-me como o senhor K. Pensei estar numa floresta onde os veadinhos me tratavam por você. Eu mesmo não sabia mais o que queria, mas desejava isso de todo coração! Depois dessa, eu mesmo precisava de uma terapia! Ainda bem que há um único 1º de abril no ano...

Quero que a leitura deste livro proporcione prazer. Acho que o prazer e a alegria são elementos muito importantes na vida. Precisam existir, mas é bom dosá-los corretamente. A norma básica é: antes um pouco demais do que demasiadamente pouco.

Eu, por exemplo, só raramente me levo a sério. Isso ficou no passado, pertence a uma época em que me comprazia com a destrutividade. Hoje acho que *um otimista é aquele que concluiu seu aprendizado de pessimista.* Você também não deve levar você mesmo e os outros demasiadamente a sério. O sentido da vida nada encerra de triste. A vida é uma comédia. Só acredita que ela seja um drama aquele que não vê o sorriso, às vezes, oculto. Ria várias vezes por dia de você mesmo e dos outros, porque o riso é o elixir mais importante para o homem espiritual e bem-sucedido.

Experimente agora mesmo: comece simplesmente a rir e não pare logo com isso.

Para rir você ganhou de presente o rosto, mas a risada você mesmo tem que dar. Há sempre um motivo para rir; procure-o logo. Lembre-se de um acontecimento divertido e medite sobre ele. Quando você se olhar no espelho, finja que tem visitas.

Cada minuto que passa o aproxima mais do fim da vida. Cada segundo triste é um instante que você rouba do tempo feliz de sua existência.

Uma das minhas frases prediletas é: "Hoje é o primeiro dia do resto da minha vida." Quando o relógio de nossa vida parar e nós morrermos, isso ainda assim não serve de prova de que vivemos de modo correto.

Rir – diz o Dr. Murphy – é uma expressão de vida bem-sucedida.

Comece a prestar atenção nos seus pensamentos, porque o seu futuro se desenvolve a partir deles.

Se não tiver motivos para sorrir hoje, será assim também no futuro.

O que está diante de você é o sucesso. Não corra atrás dele, quando muito, saia ao seu encontro!

Ser bem-sucedido é mais fácil do que ser fracassado. Então, a partir de hoje, você dispõe de mais tempo para usufruir a vida, para estar junto dos amigos, para fazer o que quer. Se puder admitir isso, terá dado um passo importante.

Tudo o que você faz, deve fazer com gosto. Uma observação importante: *nunca faça algo sem ter prazer, porque aquilo que fizer com prazer você fará bem!* Faça outra vez elogios a você mesmo, pois o auto-elogio é positivo!

A intuição caracteriza o caminho do homem bem-sucedido

Você é um homem trabalhador, esforçando-se sempre para dominar a vida e trabalhando dez a doze horas por dia? Acaso você dá "conta do recado" como se costuma dizer? Nesse caso, é muito provável que tenha exaurido a fonte de todos os sucessos, **a saber,** a intuição, ou a tenha estragado com o intenso trabalho intelectual.

Ser intuitivo significa ser bem-sucedido. Um projeto de pesquisa revelou que oitenta por cento dos diretores executivos que, em cinco anos, dobraram o volume de vendas de suas empresas, possuíam faculdades intuitivas acima da média.

Procure já, a partir de hoje, fazer tudo o que você faz sem tensões. Repita sempre para você mesmo: "Eu me solto interiormente", porque a voz interior só pode ser ouvida em atitude relaxada, expectante e receptiva.

Para os homens do nosso tempo, os chamados "homens fortes", vale a pena mudar de orientação e admitir os sentimentos profundos. Permita que os seus elementos femininos vivam. Ninguém vai chamá-lo de "mulher" por causa disso. Chore quando sentir vontade de fazê-lo. Comece conscientemente a prestar atenção nos seus sonhos. Justamente de noite, quando você está "desligado", a voz da intuição fala através do seu subconsciente.

Num encontro, por exemplo, atente sempre para o seu *primeiro* impulso, para sua primeira impressão e depois também tenha a coragem de agir de modo compatível com ela.

Hoje, por exemplo, você está com a sensação de que não deve fazer o trajeto habitual com o carro e atende efetivamente a este impulso; depois ouve pelo rádio que um acidente bloqueou por várias horas o trecho que você percorre habitualmente. Você testemunhará muitas vezes esses exemplos, quando aprender a confiar na sua orientação interior.

Se começar a desenvolver sua própria intuição, em poucos meses você terá de vinte a trinta por cento mais tempo para a família e para você mesmo. Depois de alguns anos, com um máximo de seis horas de trabalho diário, terá no mínimo, o dobro da sua renda anterior.

Um número muito grande de homens que se ocuparam com o poder do subconsciente comprovou isso. Um único lampejo intuitivo do espírito substitui às vezes mil horas de trabalho duro. O que se tem a fazer é muito simples, tal como tudo o que há de genial no universo.

Acostume-se a correr atrás dos pensamentos, onde a inteligência pára. Mesmo que o terreno lhe seja novo e pareça inicialmente estranho, este será, sem dúvida, "o trabalho mais bem pago do mundo". De início, parece-nos que atrás dos nossos pensamentos não há mais nada. Se você tiver a paciência de esperar, verá, dentro em pouco, imagens sutis, mas reais – imagens como as vistas numa televisão sem antena, barulhentas e difusas. Com o treino isso melhora. Desenvolva as "antenas" para captar suas faculdades superiores; torne-se sensitivo.

Diz o filósofo: "O ser tem origem no não-ser". Isso certamente parece um paradoxo, quando se tenta entender. Não tente entender isso com o intelecto. Medite sobre isso, relaxe por alguns minutos e tente, em seguida, deixar-se levar pelas energias de sua alma para o ponto em que os pensamentos se iniciam.

Não espero que você seja capaz de admitir isso imediatamente, mas tenha paciência. Roma não foi feita num só dia. Tente entender intuitivamente. A intuição é uma função da alma, independente do espírito e do pensamento e a fonte do seu assim chamado "sétimo sentido".

"Ouvir" os pensamentos do interlocutor e não suas palavras é uma faculdade intuitiva. Ou saber antecipadamente o que o outro dirá ou fará. Ou ainda, ao dirigir, não se meter em situações perigosas, sem tornar-se, com isso, particularmente lento, etc.

A intuição o ajudará a reconhecer a incompetência de seu adversário, apesar de sua habilidade verbal.

A intuição é um canal pelo qual lhe chegam as idéias que existem fora de você; não se trata da percepção intelectual de encadeamentos complexos.

Uma boa possibilidade de encurtar o caminho para uma intuição maior seria escrever agora, numa folha de papel, vinte vezes, *eu sou intuitivo* e deixá-la vários dias num lugar onde possa vê-la. Insista nesse caminho que começou. A perseverança traz poder.

"Persevero até alcançar a vitória!"

O meu conselho nestas páginas é: por favor, leia este capítulo mais de uma vez e depois faça uma pausa. Agora seria bom dar um passeio. Estou com você. Vamos?

Às vezes dou um conselho, apesar de saber que o sábio não necessita dele e que o tolo não o aceita.

CAPÍTULO 2

A lei espiritual

Conversando com conhecidos e amigos, você já deve ter feito a seguinte pergunta: "Qual o sentido que pode haver por trás da vida? O que existe por trás de tudo o que nossos olhos percebem?". Com certeza, essa questão foi seguida por alguns debates acalorados ou uma demorada conversa. Posso imaginar que foi uma conversa que ficou sem solução, porque temas como a religião ou a política quase sempre não têm fim.

Fiquemos com a religião. A palavra vem de *religio*, isto é, de estar em re-ligação. Ou perceber a relação da existência corporal com o nível espiritual do ser. Cada ser humano acredita em algo. A maioria crê que todo o universo, o nosso planeta, todos os animais e plantas e, finalmente, também o homem, estão sujeitos a uma grande lei natural. Para uma compreensão mais fácil, dou a esta lei natural o nome de "lei espiritual".

Em todo o universo há uma única energia, um só princípio, apenas uma lei e um só fundo e você é *um* com tudo isso.

Tente admitir isto: *ser um com tudo isso!*

Essa lei espiritual universal não tem começo nem fim. É imutável. Você pode aprender a compreendê-la. Este é justamente o dever de cada homem. Do conhecer nasce o conhecimento e este é o sentido da vida: o conhecimento o levará para o lugar de onde partiu, para o "self"!

Através da abundância dos seus pensamentos diários — sejam conscientes ou inconscientes — você é um criador, mesmo sem querer. Você é criativo. A partir dos próprios pensamentos e de você mesmo você cria o seu próprio mundo. Seja o que for que aconteça no exterior ou que você descubra ao seu redor trata-se sempre de um reflexo da sua vida espiritual interior.

A grande descoberta feita no túmulo de Hermes foi que "assim como é por dentro, também é por fora".

O ambiente em que você vive nada mais é do que a projeção da sua vida interior. É uma manifestação dos seus pensamentos cristalizados. Estes são a fonte, a origem do seu mundo.

As exigências das leis espirituais são severas, mas provêm de uma sabedoria cuja essência se chama bondade.

Se perguntar agora por que é tão difícil você conseguir tudo o que quer, a resposta será: se o seu consciente concentrar suficiente energia em forma de pensamentos numa determinada direção, a manifestação corresponderá também a estes pensamentos. A concentração no objetivo é importante. Se você está num táxi e dá ao motorista uma indicação diferente a cada cem metros, nunca chegará onde quer, mas é possível que ele lhe peça para tomar outro táxi.

O seu subconsciente se empenha em materializar cada um dos seus pensamentos; na verdade, todos eles! Se você ficar constantemente imaginando objetivos diferentes, o seu subconsciente será incapaz de seguir esse ritmo e as suas idéias não se materializarão.

As pessoas que desejam hoje uma coisa e amanhã outra, só obtêm frustrações e a conseqüência disso só pode ser uma neurose.

Ser feliz não é questão de sorte

A felicidade ou a infelicidade não existem por acaso. A guerra e a paz, qualquer que seja sua dimensão, são o resultado de uma longa cadeia de pensamentos correspondentes. O subconsciente é como um jardim onde cresce tudo o que você semeia. No caminho para o sucesso, o seu trabalho será transformar esse jardim – talvez o seu seja um matagal – num paraíso onde vivam as mais belas e preciosas orquídeas.

O que você tem a fazer é fácil. Ao nascer, você adquiriu o direito e contraiu a obrigação de se realizar. Nada e ninguém está contra você; o princípio da vida é sempre favorável, jamais contrário. Se isso fosse diferente, não haveria vida nesta Terra.

Observe os outros. Alguns são bem-sucedidos, outros fracassam. Muitos estão doentes, outros são completamente saudáveis e irradiam energia e alegria de viver. A qual desses grupos você deseja pertencer? A decisão está somente em suas mãos, em seus pensamentos.

Pare de responsabilizar os outros pelos seus insucessos. Não há nada nem ninguém querendo limitar o sucesso em sua vida. Com a sua atitude e os pensamentos correspondentes você mesmo determina o comportamento dos outros. Ao que parece, os que impedem as suas realizações fazem isso *apenas* por causa da *sua* provocação! É um engano muito grande acreditar que o ambiente em que você vive quer freá-lo e negar-lhe uma qualidade superior de vida.

Pare de responsabilizar os outros por sua má sorte. Responsabilizar os outros significa não querer aceitar a responsabilidade da própria vida e tomar o leme nas mãos. Com certeza, isso lhe parecia muito confortável até agora, embora algumas vezes você não se sentisse muito bem com isso. É provável que você tenha mais de dezoitos anos e, desse modo, seja em termos sociais plenamente responsável por si mesmo e por tudo o que faz.

Você deveria pensar em sua mãe e em seu pai com amor, mas não deve necessitar mais deles como se fosse uma criança pequena. Você é um adulto também no sentido espiritual.

Não seja um mendigo que bate à porta da riqueza. Decida-se pela felicidade. Afirme a partir de agora: *decidi-me pela felicidade*.

Uma decisão tomada bem no fundo do seu íntimo já representa setenta e cinco por cento do trabalho necessário no rumo para o seu objetivo. Um dos passos mais importantes é refletir até ver com toda a clareza que a harmonia, o amor, a saúde e o sucesso são seus por *direito adquirido*!

A lei espiritual não "considera a pessoa", não prejudica ninguém nem dá preferência a alguém. Serve a cada um de modo absoluto. Todos nós estamos amarrados pelos pensamentos, e só podemos ser livres quando reconhecemos que os pensamentos são criativos e que nós somos os pensadores. A liberdade da vontade começa além da vontade. Esta afirmação não é, com certeza, fácil de entender. Procure admiti-la intuitivamente ou medite sobre este parágrafo.

Só após ter admitido essa afirmação, você poderá ser livre. Ser livre nesse sentido significa ser capaz de dirigir os pensamentos na direção divina desejada por Deus. O "céu" é um estado de consciência. Estar amarrado significa viver no inferno, o qual também é um estado de consciência. O seu pensamento e a sua crença são idênticos.

Acontecerá com vocês segundo a vossa fé! A falsa fé cria um inferno aqui e agora; a fé correta permite que você viva no céu. Qual é a sua crença?

No início eu disse: "Caminhemos juntos um trecho do caminho". Decidi-me pelo bem, pela felicidade. E você?

Escreva num papel o que decidiu. Escreva sua resolução três ou quatro vezes e coloque-a no bolso para lembrar-se dela sempre, a cada vez. E agora, por favor, pare um pouco... a fim de refletir...

No Japão, há alguns mosteiros onde a primeira coisa que os monges têm de fazer de manhã é rirem de si mesmos diante de um espelho. Você já riu hoje de si mesmo?

Se quiser progredir, ria diariamente várias vezes, mesmo que julgue não ter motivos para isso.

Faça agora uma pausa e comece a rir! Verá que tudo vai às mil maravilhas.

Já voltou? Deixe então penetrar profundamente o seguinte conhecimento. Um amigo espiritual escreve em suas afirmações: "A lei espiritual é vida, amor, sabedoria, energia, inteligência, saúde e abundância. O homem é o instrumento através do qual esses conceitos se concretizam. A lei espiritual é a fonte de onde surgem todas as manifestações, é a energia pela qual e com a qual todas as coisas foram criadas. Muitos também dão a essa energia o nome de Deus. Através de todos os tempos, os homens reconheceram a existência de uma energia onipotente que dirige e controla o universo. Todas as religiões, todos os grandes ensinamentos, todas as descobertas da psicologia e de outras ciências gravitam em torno de uma e da mesma coisa. Os místicos de todos os tempos procuraram fazer com que compreendêssemos a verdade. Precisamos compreender que o Ser inconsciente com sua natureza e qualidade é um Ser universal!"

Somos espírito individualizado e temos com Deus a mesma relação que os raios solares têm com o Sol. O único poder que o espírito possui é o de pensar.

O espírito é criador e os pensamentos são atividades mentais; por isso eles são criativos. *Você* é seu *espírito*; sem ele, você não existiria. O seu eu realizado, o que realmente é, não é nem seu corpo nem seu intelecto e tampouco sua existência consciente. Ao contrário, você constatará que o seu corpo e o seu consciente são meros instrumentos de realização dos seus desejos.

Seu verdadeiro eu, a sua verdadeira natureza, controla o corpo e o intelecto e decide o que estes devem fazer e *como* devem fazê-lo. O que você é, na verdade, é eterno e é *um* com Deus. Seus hábitos, seu caráter e seu temperamento formam sua personalidade, são mutáveis e estão sujeitos à mudança do tempo, mas nada têm a ver com o que é você de fato.

Para mim estas são palavras maravilhosas.

Seu verdadeiro eu ainda dorme como ser consciente por trás do papel que você desempenha com seu pequeno eu terreno, ao dirigir-se ao mundo à sua volta. Seus pensamentos são a relação entre você e Deus e em seu subconsciente está a porta para Deus. Podemos hoje imaginar perfeitamente que, dentro de um milênio, a humanidade terá muito menos problemas do que o homem contemporâneo, como conseqüência da progressiva educação espiritual. Os romances de ficção científica esboçam muitas vezes um mundo cheio de harmonia e paz, no qual todos gostaríamos de viver. Creio que esse tempo virá, não importa o que teremos de sofrer até chegar aos conhecimentos superiores.

O princípio da vida ambiciona fundamentalmente o aperfeiçoamento, isto é, a seleção de bom para melhor. Quanto mais cedo você começar a fazer isso, mais rapidamente alcançará tudo aquilo que ambiciona.

Aceite as leis espirituais, mesmo que haja demora para compreendê-las integralmente.

Saber e poder fazer tudo agora, é maçante. Desfrute a sua vida o melhor que puder e de modo que o lema de Bhagwan se aplique também a você: "Beba a vida em grandes sorvos e, quando tiver de ir, vá sem olhar para trás!"

Aceite-se tal como ainda é, porque querer ser perfeito agora significa estar "morto". A sua imperfeição demonstra que você é um ser humano que vive.

Procure deixar penetrar profundamente em você mesmo as afirmações anteriores. No futuro próximo, uma voz interior lhe dirá o que fazer com esses conceitos.

Não analise este livro com o seu intelecto. Este entende muito pouco de dimensões espirituais. O intelecto se transforma em senhor do cotidiano, senhor do mundo material. Os intelectuais são sempre intelectuais às custas da sua espiritualidade!

Ser bem-sucedido significa, em sentido geral, ser um homem espiritualizado. O sentido da vida é espiritualizar o corpo. Em sentido inverso isso significa também corporificar o espírito. Se *todos os dias* – realmente todos os dias – você se levantar com os mesmos pensamentos e também for dormir à noite com eles, sua natureza irá modificar-se de acordo com esses pensamentos. Poderá ficar mais calmo, mais relaxado, mais tranqüilo e carinhoso. Poderá tornar-se o que eu também preciso ser. Quando você chegar a esse ponto, escreva-me, por favor, para que possamos nos conhecer, porque assim poderei descobrir como devo ser.

Não aceite como dogma o que escrevo neste livro. O que registro aqui é a minha visão do mundo.

O espiritual não leva nem você nem os outros demasiadamente a sério. Também, para quê? Quando, às vezes, você leva uma coisa muito a sério é porque provavelmente não enxerga a simples piada que ela oculta.

Brinque, ria ou sorria muito mais. A vida nasceu do prazer e é um jogo divino!

Ser um homem bem-sucedido significa ter despertado para o homem espiritual. A riqueza verdadeira é a riqueza espiritual. Tudo nasce do espírito.

Use diariamente a seguinte frase: *"Acordei para o bem e colho os frutos das minhas possibilidades"*.

Repita esta afirmação dez vezes por dia. Isso não é difícil nem trabalhoso. Trata-se de um elogio à energia espiritual que desperta dentro de você.

Riqueza e sucesso são estados de consciência

Se Deus é a origem de tudo, então tudo o que veio depois ocorreu através de Deus. Observe sua própria vida. Tudo, mas tudo mesmo, é o resultado do seu pensamento, da sua consciência. Neste ponto, quero pedir, caro leitor, compreensão para o fato de eu repetir várias vezes, neste livro, algumas afirmações que me parecem importantes.

Em nenhuma conversa que gire em torno do sentido do ser, é possível transferir seriamente para os outros a responsabilidade daquilo que se chama sorte. Dentro em pouco, você perceberá que não existe o que se chama sorte.

Todos os seus problemas, preocupações, doenças, misérias, dificuldades matrimoniais, tudo o que você lamenta, são apenas e exclusivamente as conseqüências de estados de consciência, de situações que você forçou. Mas, graças a Deus, todas as coisas boas da vida ocorreram também pela mesma razão. Seu futuro brota do pensamento atual. Tudo o que você pensa, seja o que for, se realizará. O que você pensa? *Positivo!*

O propósito deste livro é ajudá-lo a mudar de vida. O fato de você estar lendo este livro prova que é exatamente isso que você quer. Portanto, procure se conscientizar do seguinte: *A meditação é o caminho para o encontro interior.*

Meditar corretamente

A maioria das pessoas acredita que a meditação é um assunto misterioso. Na verdade o que ocorre é exatamente o contrário.

A meditação é algo que cada pessoa pratica diariamente. Você apenas deve saber com clareza como meditar no futuro, porque meditar corretamente pressupõe que haja consciência do que ocorre enquanto se está meditando.

Por exemplo: à medida que alguém refletir sobre os fracassos passados estará permitindo que esse tipo de ocorrências seja revivido e, desse modo, elas tornam a acontecer. É precisamente este potencial de pensamentos que terá de se manifestar de modo correspondente na sua vida exterior. Uma das mais antigas sabedorias afirma que todo o exterior é expressão do interior. *Como por dentro, assim por fora!*

Se você meditar corretamente e for construtivo, todo o passado estará morto e não terá mais importância. Aquele que aprende a pensar com entusiasmo em tudo o que é bom, nobre e divino, em pouco tempo verá a paz, a harmonia, o sucesso e a saúde entrarem em sua vida!

Comece o mais rapidamente possível a manter-se distante de tudo o que for negativo, como, por exemplo, as manchetes dos jornais e o jornal da televisão.

Nossa vida cotidiana está cheia de sugestões negativas e se você não aprender a rejeitar esse tipo de irradiação, toda a sua vida expressará exatamente o que corresponde a essas sugestões. A tudo que não caiba em sua concepção, diga: "Não, não aceito isso." Assim que os seus pensamentos rumarem para uma situação em que você fica irado e excitado, medite de modo correto para resultados excelentes. Apesar disso, os resultados serão negativos, porque, como já foi dito, o pensamento é, em seus efeitos, quase idêntico ao ato de meditar. Então, logo que os seus pensamentos se voltarem para uma direção que você não deseja, interrompa de imediato o seu fluxo e, dentro do possível, repita o mesmo tema uma vez mais, porém de maneira construtiva. A meditação se parece com uma conversa interior. O teor dessa conversa influencia seu subconsciente. Se você falar constantemente de insucessos, estas suas palavras determinarão o seu presente e o seu futuro.

Conforme diz Emerson, a meditação "deveria ser a contemplação da verdade divina a partir da perspectiva mais elevada". Contemplar algo com a visão espiritual, visualizá-lo, é uma forma de meditar que corresponde à natureza da magia.

Meditar desata um processo de purificação dentro de você que não poderia ser mais intenso. Logo, a pureza não é uma condição para a meditação, mas sua conseqüência!

Por favor, não afirme que não pode meditar. Desde o nascimento, você não faz outra coisa a não ser meditar. A meditação é *primeiro* pensamento (pensar *antes* de fazer); por isso a maneira correta de pensar também tem caráter meditativo.

O que Emerson quer dizer é que a meditação significa contemplar algo a partir de um ponto de vista superorganizado; por exemplo, nunca ficar com um *problema* diante da visão espiritual, mas sempre ter em mente uma provável *solução*.

A meditação não deve ser uma *recordação* (do que já se passou), mas um modo de se prever o que se tem pela frente. Quando o pensamento tem origem criadora, ele representa uma maravilhosa oportunidade de produzir e criar. *Pensar chama o inexistente à existência. Por isso, pensar é meditar.*

Se você interpretar automaticamente tudo o que se disse aqui, só admitirá pensamentos construtivos e agradáveis. Dependendo da imagem do objetivo, é possível uma sublimação do que se passa durante a meditação e através dela até se chegar ao nível da *consciência pura e não-pensante*. Experimente.

A melhor maneira de compreender esta frase é, em primeiro lugar, tentar converter isso em *não-pensar*, isto é, quando você meditar, não pense, no sentido corrente do termo.

Há muitas formas de meditação. As mais estranhas à maioria das pessoas são, com certeza, a "meditação dinâmica" apregoada por Bhagwan e a "meditação Kundalini". Ambas são expressão de grande vitalidade e dinâmica de vida e acredito que sejam uma preparação ideal para outros graus de autodescoberta.

Outra forma de meditação é o relaxamento corporal e espiritual, é desligar-se de tudo até onde seja possível e, em seguida, buscar – cheio de saudade – o centro de luz. Não permita que o seu intelecto dirija isso! Solte-se completamente e observe o que ocorre. Se, depois de algum treinamento, você tiver aprendido a se deixar cair bem fundo no seu interior e abandonar *tudo*, encontrará aquele espaço ensolarado onde se conhece tudo para sempre.

Como próximo passo, seja você mesmo a luz, seja só luz. Interprete esta luz *como o amor de Deus que preenche a sua alma.*

Quem pratica este exercício de meditação passa, em pouco tempo, pela mudança rumo à harmonia e ao relaxamento. Tudo o que até então era um fardo se dissolve. Você se sente livre e sem amarras.

Outra variação é a meditação zen.

Nesta, você não pensa em nada. Inicialmente trata-se de algo muito difícil para os que não são treinados, portanto seria sensato observar a respiração para desviar o fluxo de pensamentos. Observar simplesmente tudo que acontece! Isso muitas vezes leva rapidamente a experiências que o deixarão perseverar nesse caminho. Procure pensar longo tempo em nada. Dissolva-se e torne-se esse *nada*, que é *tudo*. Aquele que se exercitar com êxito nesse caminho sentir-se-á ligado ou identificado com a essência primitiva de tudo o que vive. Nesse estado de união abre-se a porta para outras dimensões cósmicas e de consciência.

Em todas essas formas de meditação é importante reconhecer que esse processo é comparável ao de se comer uma maçã. Nesse processo, a maçã passa a fazer parte de você, ela se incorpora à circulação sangüínea.

Do mesmo modo, deveríamos *incorporar as verdades eternas*, o divino e o construtivo *em nossa circulação espiritual*; fazer isso por meio de uma forma ativa ou passiva de meditação, fica a seu critério.

Consideremos a hipótese de você ser igual a uma árvore plantada nas proximidades da água, carregando, no tempo certo, muitas frutas; consideremos também que, independentemente do que fizer, suas folhas não murchem. Quando estiver bem concentrado e firme nessa idéia, você sobreviverá sem danos a todas as tempestades da vida como se fosse uma árvore forte.

Ou permita-me convidá-lo para uma meditação inteiramente especial, que você poderá gravar numa fita.

A meditação da árvore

de KLAUS BIEDERMANN

A temperatura é amena; encontro-me boiando e inteiramente relaxado nas águas de um rio que me leva devagarinho. Há sol, a temperatura está agradavelmente quente. No céu vagueiam algumas nuvens solitárias. Passo por belas margens e observo que o rio já não é mais tão largo e está se tornando cada vez mais estreito; mas continuo a boiar totalmente relaxado.

Sobre mim vejo o céu e as nuvens e, nas margens, há árvores. O rio agora é um riacho que continua a me levar. Aos poucos, a água fica mais rasa e sinto que encalho muito suavemente num banco de areia. Então me levanto e vou para a margem.

Ando sobre um gramado até chegar a uma árvore. Aproximo-me dela até ficar bem perto. Sinto seu córtex, sinto toda a árvore; e agora me transformo nessa árvore. Sou a árvore e sinto e vivo como se fosse essa árvore.

Imagino que acabaram de passar os últimos dias de inverno e que não há nenhuma folha nos meus galhos.

Sinto os primeiros raios de sol da primavera, que me aquecem em meio a uma brisa suave. As extremidades das minhas raízes atraem alimentos da terra e sinto fluir calor e energia através das raízes. A energia flui pelo tronco e passa para os galhos até chegar às extremidades dos pequenos ramos.

Sinto como o calor e a energia circulam inteiramente por mim; de uma respiração a outra, percebo cada vez mais e por toda parte as pequeninas folhas verdes, muito tenras, que começam a brotar nos meus ramos. Brotam mais e mais, crescem e se tornam maiores; com as minhas folhas, capto as águas da chuva e as levo ao solo para junto das minhas raízes. Com as minhas folhas, transformo a luz do sol em energia. Sinto como essa energia passa das folhas para os ramos e flui para o tronco. Dentro de mim, circulam agora calor, energia, e existe harmonia. Apalpo-me mais profundamente. Nos ramos formam-se, por toda parte, tenros botões; crescem cada vez mais, tornam-se maiores e desabrocham, dando origem a maravilhosas flores. De respiração em respiração, surgem mais flores. Aqui estou, belo e forte em plena florescência. Sinto o calor do sol, a brisa; estou carregado de flores.

Dentro de mim há calor e harmonia; sinto prazer por estar assim, de pé, em plena florada, e sinto-me, apalpo-me profundamente.

Dirijo minha atenção para dentro de mim, para as raízes, para o meu tronco, para os meus ramos, grandes e pequenos, para as minhas folhas e flores. Circula dentro de mim, aquecendo-me agradavelmente, uma energia maravilhosa.

E agora, abrindo os olhos para o exterior, sinto que tudo à minha volta é atravessado pelo mesmo fluxo e que tudo isso começa também a crescer e a florescer. É maravilhoso ver tudo isso. Os dias tornam-se mais longos e o sol, dia após dia, fornece mais calor; posso sentir isso em cada respiração, e a energia em meu interior aumenta. Minhas raízes parecem expandir-se no interior da terra aquecida e o fluxo de energia cresce. Tudo em mim parece estar se expandindo e se ampliando. Minhas folhas se tornam frutas que pouco a pouco aumentam de tamanho. Posso ver a partir de dentro como crescem e, quando o vento brinca em meus ramos, posso sentir-lhes o peso.

O sol está muito quente e, com minha larga copa, posso oferecer sombra aos que querem descansar junto de mim.

A paz e a serenidade fluem através de todo o meu ser. Sinto-me forte e participo da vida. Gozo cada dia dessa vida. Sinto o calor e a firmeza da terra em volta das minhas raízes e sinto o sol. Sinto a chuva, o vento e o ritmo circulatório da natureza.

Assim passa o verão e minhas frutas ficam maduras e pendem pesadamente dos meus ramos, prontas para serem colhidas. Estou calmo e sereno; sou parte dessa existência.

O verão está no fim e lentamente minhas folhas começam a mudar de cor, tornam-se amarelas, depois vermelhas e, finalmente, marrons. O sol ainda está quente, mas os dias se tornam cada vez mais curtos e o vento mais forte. Totalmente sereno estou aqui, profundamente enraizado na terra e sinto como minhas folhas se desprendem suavemente dos ramos, levadas pelo vento, e flutuam caindo na terra, até que o chão fique inteiramente coberto por uma camada delas. E sinto também ter chegado o momento de eu poder descansar, de me retirar totalmente para o meu interior e permanecer concentrado em mim mesmo. O vento sopra através dos meus ramos, mas dentro de mim há uma energia suave e serena. O sol, o vento e a chuva chegam e se vão e, quando agora chegar o inverno, posso me interiorizar totalmente e repousar. Vem a neve, e seus flocos caem devagar do céu até que toda a paisagem fica coberta pela neve branca e fofa. Nos meus ramos também há neve. Muito fundo, no meu interior, sinto uma energia serena e agradavelmente quente. Sinto que pertenço à natureza, ao todo, à existência. E a existência cuida de mim. E, quando depois a primavera tornar a chegar e a luz do sol se aquecer mais e o ar se tornar mais ameno, estarei então descansado, completamente relaxado, pronto para tornar a sentir o fluxo das energias da vida...

> *Às vezes sinto-me como uma árvore*
> *da qual caíram quase todas as folhas.*
> *Isso, porém, agora não me causa mais medo,*
> *porque conheço a energia que tenho*
> *para fazer brotar novas folhas.*
>
> Kristiane Allert-Wybranietz

A meditação não requer nenhuma postura corporal específica. Se você está deitado, sentado ou apoiado num só pé, tanto faz; o importante é que esteja firmemente convencido de obter sucesso ao ficar, por exemplo, apoiado num só pé. É que aí entra em função a primeira lei: *"Acontecerá a vocês segundo a vossa fé."* Se você for da opinião de que não necessita de uma *postura corporal especial*, assim também será. Do mesmo modo, não são relevantes o local e a hora da sua meditação diária. Você não precisa se retirar para um *ashram* ou claustro nas montanhas a fim de falar com Deus. Deus vive dentro de você e não tem hora marcada para audiências. Não há dúvida, no entanto, de que, sobretudo no início, é mais fácil meditar em hora determinada e também num lugar escolhido. Por motivos psicológicos, isso é bom para nos acostumarmos, mas não tem nenhuma influência na meditação em si.

No início, o principiante custa a conseguir ficar calmo. Se ele não consegue logo de início, é comum acontecer, e com freqüência, de ele desistir na segunda tentativa. Por isso, você não deve dificultar as coisas para você mesmo mais do que o indispensável. Procure lembrar-se de situações felizes, o que é relativamente fácil e agradável, conduzindo à serenidade e à harmonia interior.

Para este trabalho, talvez o mais importante do dia, você deve conceder a si próprio um período de vinte minutos por dia. Depois de uns poucos dias, já deve e precisa sentir com nitidez que ocorreu alguma mudança. Comece com algo como a descontração interior. Você fica mais relaxado por dentro e isso quer dizer que aos poucos começa a se livrar de preocupações, problemas e pesos. *Não se identifique mais inconscientemente com todas as preocupações. Estas se transformam em situações que só circunstancialmente precisam ser levadas em conta e nada mais!*

Se você organizar seus sentimentos numa espécie de hierarquia, os problemas e preocupações do dia-a-dia jamais devem ocupar posição privilegiada. O primeiro lugar sempre deve caber ao desejo de harmonia, felicidade e contentamento.

Na vida do homem, o que será mais importante do que o contentamento? Estar contente e feliz cura todas as feridas. Além disso — como já foi dito muitas vezes —, a satisfação dissolve, em sentido figurado, tudo o que não está de acordo com ela.

Faça o favor de jamais esquecer essa sentença: *O amor de Deus é um fogo que consome e dissolve tudo o que não está em consonância com Ele.*

Seja qual for o seu aborrecimento no momento, eventualmente, este nada mais é do que um *intermezzo*, um interlúdio que cria de fato a condição prévia necessária para que nos dediquemos plenamente ao que vem "depois".

Se você se decidir e iniciar regularmente a meditação, dentro de uns dez ou quinze dias, ouvirá os seus conhecidos lhe perguntarem surpresos a respeito da mudança que se operou em você nos últimos tempos. Toda pessoa que medita com regularidade cria à sua volta, e num prazo curto de tempo, uma esfera de calma e equilíbrio. Os resultados da meditação se evidenciarão no seu corpo, no seu meio ambiente, na sua vida particular, na sua relação com os outros, na sua profissão e na sua criatividade. A meditação é como uma peregrinação interior e torna um homem mais capaz, mais sadio e mais bem-sucedido. *Durante a meditação você está unido à verdadeira realidade.*

Meditar corretamente significa não precisar mais de um objetivo, não desejar ir mais a nenhum lugar; justamente lá, em nenhures, está o seu objetivo, o seu lar.

O raciocínio lhe dirá que o objetivo está em algum ponto do caminho que conduz de A a B e isso porque o intelecto não se dá conta de que, entre A e B, não existe nenhuma parada.

O objetivo final a ser alcançado por qualquer meditação é a "iluminação" e, desse modo, a superação do eu; é o acesso à consciência cósmica da unidade de tudo o que vive e emana de Deus.

O sentimento místico encontra, com a ajuda da meditação, a paz e a força para caminhar rumo a uma vida digna de ser vivida. Ajudará assim seu verdadeiro "self" a se desenvolver, afastado de todas as intrigas e idéias egoístas.

Todos nós ouvimos a voz interior que nos exorta para que nos deixemos guiar pelo Eu superior e que confiemos nele sem reservas a fim de podermos encontrar o verdadeiro rio da vida.

Eis meu conselho quanto a isso: *modifique a sua atitude diante da vida e tudo se transformará; você criará um novo céu e uma nova Terra.*

O objetivo da vida é *favorável*, isto é, afirmativo. Jamais pode ser contra, isto é, basear-se na negação. A negação não pode nutrir a vida.

O centro de gravidade é sempre a ação, a ação de estar a favor, a ação de conseguir e a ação de não renunciar. Não se trata de deixar de ser ignorante, mas de ganhar conhecimento. E lembre-se sempre disto: *trague a sua vida com gosto, caso contrário você será intragável!*

A natureza do sucesso

> *Os prejuízos se tornam suportáveis pela consciência de que você tem a liberdade e a energia para, a qualquer momento, começar tudo outra vez...*
>
> Kristiane Allert-Wybranietz

O céu e o inferno, o bem e o mal, o rico e o pobre, o são ou o doente, tudo isso são exclusivamente conseqüências dos seus pensamentos. Você quer ser sadio?

Então não se preocupe mais com a [sua] *doença*, mas com a [sua] *saúde*.

Você é pobre? Nesse caso, estou convencido de que você acredita que nasceu do lado errado da vida, de que cultiva pensamentos de penúria e de pobreza; você acredita que ter proteção é indispensável, etc., para poder estar do lado próspero da vida.

Se quiser ter sucesso, isso só será possível se reunir informações sobre a natureza do sucesso e sobre as leis que conduzem ao bem-estar, ao amor e à harmonia. Então reconhecerá que a base do sucesso ou do fracasso é a mesma.

Para ser bem-sucedido, você deverá realizar menos do que antes, mas com mais objetividade e consciência. O que devemos fazer não é trabalho árduo nem o trabalho no sentido corrente da palavra. O provérbio que diz que *quem trabalha não tem tempo para ganhar dinheiro* é absolutamente acertado. O piloto de um planador, por exemplo, aprendeu (às vezes de forma penosa) a procurar uma camada de ar quente que se eleva (e o faz planar). Aprenda a procurar a camada quente das leis espirituais; desenvolva a sua antena e o seu faro! Só é necessário fazer isso, nada mais. Quando você tiver feito progressos nesse sentido, com toda certeza não chamará isso de trabalho. *Nem a inteligência, nem o trabalho conduzem ao sucesso.*

Por inteligência refiro-me aqui ao intelecto, cuja visão restrita pode contribuir apenas de modo condicionado para o sucesso. O trabalho, na opinião da maioria das pessoas, é um processo no qual, em geral, se observa uma mera ação mecânica. Raras vezes, ele é uma manifestação criativa do "self". O trabalho deveria ser uma meditação ou, pelo menos, uma ocupação.

Na linguagem dos radiotelegrafistas [alemães], há os assim chamados grupos Q. O código adequado para a palavra trabalho é, por exemplo, QRL. Para entendermos melhor as letras QRL nessa linguagem radiotelegráfica, oficialmente elas são pronunciadas Quebeque, Romeu e Lima. Como essas palavras não soam muito bem, o radiotelegrafista (em linguagem popular) as transforma, entre outras, em QR-*Lästig* (em alemão, *lästig* quer dizer enfadonho). Essa palavra *lästig* se relaciona, de fato, com a palavra trabalho em sua opinião. Este é, no entanto, um enfoque basicamente errôneo, pois dá a idéia de que o trabalho deve ser evitado por ser maçante. Uns poucos usam a expressão QR-*Lustig* [ou, QR-feliz] quando se referem ao fato de ter de voltar ao trabalho. Espero que não haja nisso uma conotação irônica! Como uma coisa assim tão negativa poderia levar ao sucesso?

Pela meditação correta, penetra em você o potencial espiritual de toda a humanidade. Deve usá-lo para encontrar o que é certo para você e para as suas necessidades, e então, o tempo das coisas intelectuais penosas e do trabalho árduo passarão a pertencer ao passado.

Até agora você não é bem-sucedido porque evitou o sucesso e porque se enredou em imaginações errôneas. Shakespeare disse a esse respeito: "Que obra de mestre é o homem, que nobre ele é pelo seu bom senso! Como são ilimitadas suas capacidades! Quão significativa e admirável é sua figura e seus movimentos! Como se parece com um anjo ao agir! Como se assemelha a Deus na compreensão!"

Sempre que tiver pensamentos negativos procure transformá-los em pensamentos positivos. Quando acreditar que seu objetivo pode se transformar num fracasso, interrompa imediatamente os pensamentos e tente imaginar o contrário. Sim, imagine que os seus planos são bem-sucedidos e muito elogiados. Você obterá tudo aquilo em que acreditar, e, ainda que haja fatores desfavoráveis, sua atitude e a sua fé serão decisivas. É justamente essa fé que liberta a forma e a quantidade adequadas de energia necessária à obtenção do que se deseja. Você precisa decidir: ou duvida do seu propósito ou acredita nele; fazer ambas as coisas ao mesmo tempo seria uma tolice e, em virtude da clara lei espiritual, isso só poderia causar uma decepção. Quanto ao seu objetivo, é bom você se dar ao trabalho de examiná-lo também espiritualmente.

Desejos contraditórios dificilmente se realizarão; nem mesmo com muita autoconfiança e fé. Mas, para a realização de um único propósito, serão sempre decisivas a esperança firme, a fé e uma autêntica concepção espiritual.

Como disse o Dr. Sheldrake, vivemos num universo de leis que não são nada inflexíveis: elas têm suas tendências. As imaginações bastante fortes unidas à fé verdadeira movem o fiel da balança a seu favor. *Para quem tem fé tudo é possível. A fé pode mover montanhas.*

Tente compreender esta imagem: as leis nascem, mais cedo ou mais tarde, dependendo do estado geral ou individual.

As pessoas que moram ao redor do lago de Constança, por exemplo, construíram, durante alguns séculos, determinado tipo de casas. Da sensibilidade estética dos nossos antepassados nasceu esse estilo arquitetônico que agora é obrigatório. Um requerimento pedindo licença para construir algo em estilo frísio com certeza será indeferido, porque, no lago de Constança, surgiu um senso estético diferente do da Frísia. Há muito tempo atrás, em ambos os países, nem sequer existia um "estilo" de construção de casas. Este se criou. Do mesmo modo, em outras ordens de grandeza dentro do universo, tudo está sujeito à transformação; nada que é criado é eterno, como disse o Dr. Sheldrake. Quando alguém sonha, trata-se de um sonho; quando muitos sonham, trata-se do início de uma nova realidade. Tudo é um constante passar a ser e o que atua por trás disso é a força espiritual do pensamento.

Tomemos o ciclo em que sempre ocorrem novas guerras no mundo. Estes intervalos estão sujeitos a uma regularidade que, não sendo interrompida, poderá se tornar uma lei natural. Somente um grande número de homens (milhões e bilhões) pode anular este ritmo. Maharishi diz que, quando numa cidade houver um número bastante grande de homens meditando, a porcentagem de crimes diminuirá forçosamente. Isso não significa que os que meditam não tenham tempo, durante sua meditação, para praticar um assalto, mas que seus *pensamentos* exercem influência sobre os que não meditam e podem dissolver os propósitos criminosos destes.

Num *ashram* será quase impossível a um mentiroso mentir, porque ali *predomina* o desejo da verdade e a mentira não consegue sobreviver. As leis *nascem* no interior da sociedade humana e de forma generalizada. Elas estão sujeitas – como tudo no universo – à mudança e à transformação. Você é criador e é capaz de criar, dentro de determinado quadro e dependendo da fé de cada um, as regras necessárias à consecução de um ideal. O compositor austríaco Ludwig Hirsch diz, numa das suas canções: "Tudo dá certo, só é preciso haver mais (gente) que tente".

Tente agora mesmo tomar nas mãos o leme da sua vida e levar o seu barco para o curso do "sucesso". A fé no sucesso será o melhor combustível.

Em seguida, dedique-se à tarefa de pensar bastante sobre o seu *Eu*, o seu "self". Desse modo, você se aproximará, partindo da razão, do núcleo da sua natureza e reunirá conhecimentos sobre a natureza do ser e isso o tornará um conhecedor. Conhecer o próprio "self" é outro nome para ter a "consciência de si". Autoconscientizando-se, você cria o fundamento para uma nova vida.

·Além disso, refletir, contemplar e meditar a respeito da natureza do ser é uma das mais belas atividades do mundo. Refletir sobre si mesmo é refletir sobre Deus.

Porque *o Pai e eu somos um*! Descubra, pela reflexão e meditação, as suas capacidades espirituais, porque, com o espírito, acontece o mesmo que com o pára-quedas: só é útil quando se abre.

Algumas pessoas foram ter com o oráculo de Delfos para descobrir quem era o mais sábio dos homens. O oráculo respondeu: "Sócrates é o mais sábio". Elas foram ver Sócrates: "O oráculo de Delfos diz que você é o mais sábio dos homens". Sócrates replicou: "Eu só sei que nada sei". Estupefatas e desorientadas, elas voltaram ao oráculo: "Você nos disse que Sócrates era o mais sábio dos homens. No entanto, ele diz que só sabe que nada sabe". "É esse – disse o oráculo – o motivo de ele ser o mais sábio de todos os homens".

No mundo ocidental, a razão, o intelecto e nossa inteligência têm sido provocados e observados além de toda medida, de modo que quase começaram a ter vida própria. Poder-se-ia dizer, de modo figurado, que a civilização ocidental entronizou o intelecto a fim de adorá-lo. O objetivo mais elevado que se apresenta ao intelectual é possuir diplomas das suas capacidades intelectuais e de gozar da máxima consideração nesse nível. Gosto de comparar o intelectual orgulhoso do seu intelecto com um presidiário que se gaba de sua cela espaçosa.

Não faz ainda muito tempo, começou a desenvolver-se neste planeta a vida dotada de raciocínio. Do ponto de vista da evolução, só agora é que, na humanidade, se desenvolve o processo de humanização. Até o presente, a evolução se realizou no nível físico. Isso serviu, em certo sentido, como preparação para o próximo passo, para o início da evolução consciente e espiritual. O homem é o último elo na corrente da evolução inconsciente e o começo da evolução consciente. Ele realiza em nossos dias a passagem que leva da vida instintiva e animal para o homem, representante do maior poder do universo – Deus.

É justamente neste ponto que vejo como dever das nossas igrejas e comunidades religiosas a atuação construtiva.

Lamentavelmente, no entanto, as grandes igrejas cristãs se aferram à tese de que Deus criou o homem num dia ou numa hora. Afinal de contas, não faria nenhuma diferença para elas se o homem tivesse nascido numa hora ou num milhão de anos.

Segundo minha visão, a humanização se realiza de acordo com esta imagem: como se de um *corpo humano* surgisse uma figura transparente e espiritualizada, com a mesma forma; abandonando, por assim dizer, a pura matéria e entrando na vida espiritual.

Dúvidas

Se você é cético, não fique triste, pois diz-se: *os tolos sempre se sentem muito seguros e os inteligentes estão cheios de dúvidas.*

Cada semente faz surgir uma fruta, que corresponde à sua própria espécie. Da semente de uma maçã, só pode nascer uma macieira com novas maçãs. A lei universal diz: "Tudo cresce segundo seu tipo. Cada planta, cada animal e cada homem só pode gerar o que corresponde a seu tipo individual. Os semelhantes se atraem. Assim, uma boa ação só pode criar algo bom e um pensamento bom faz surgir um novo pensamento bom". A lei espiritual é onipresente, está sempre por toda parte, não tem início nem fim.

Pensamentos dedicados a amigos fazem com que você se torne amigo e atraia amigos. Os pensamentos relativos a uma bela casa no meio da mata verde certamente gerarão essa casa. Pensamentos de agressão produzem guerra e medo. Pensamentos em acidentes atraem os acidentes. Pensamentos de dúvida provocam situações duvidosas. Seja o que for que pense, isso se tornará real para você.

O único limite em sua força para criar o futuro é a sua dúvida atual.

Evite padrões negativos de pensamento; eles poderão se realizar!

Prestar atenção em alguma coisa, pensar em algo, significa investir na energia criadora dos pensamentos. Pensar em saúde significa criar saúde. Pensar no bem interior significa aumentá-lo. O que você pensa se tornará realidade, porque a origem de tudo o que existe é o pensamento.

É importante reconhecer que cada pensamento – repito, *cada* pensamento – possui ábsolutamente a mesma criatividade que outro. Por isso, ouvir o que você pensa ao longo do dia, é um passo importante no caminho da saúde, do amor e do bem-estar. Sejam quais forem os seus pensamentos, eles são criativos e deles se formará o seu futuro.

Aprenda a admitir o bem dentro de você mesmo e será automaticamente libertado do mal, porque o bem e o mal não podem existir lado a lado, assim como tampouco podem coexistir o fogo e a água. Com muita água você apaga o fogo. Com muito fogo, você evapora toda a água.

A sabedoria contida no que se segue ajudou-me extraordinariamente a compreender as leis espirituais: *Deus é um fogo consumptivo que dissolve tudo o que não lhe corresponde*. Então, se Deus é um bem dentro de mim, preciso apenas ceder ao bem para fortalecê-lo e ter pensamentos positivos e construtivos e, desse modo, sozinho, diluir a oposição, isto é, aquilo que é mau e negativo.

Nunca se preocupe com aquilo que não quer, mas esforce-se muito mais por reconhecer dentro de você o que é primordial para a vida, aumentando-o, porque apenas isso dissolverá o que não se refere aos seus desejos. Os pensamentos são uma força criadora que propaga o que corresponde à sua natureza. Os seus pensamentos de sucesso, em imagens claras, já são reais numa dimensão superior.

Pela constante elaboração e repetição dos mesmos pensamentos, essa realidade manifesta-se na dimensão espiritual.

Agora trata-se de uma questão de fé e confiança, até que aquilo que já existe em espírito apareça na "tela" do espaço, isto é, na dimensão voltada para a matéria. Visto que as grandes massas de matéria são dotadas de certa inércia, a realização no nível material também leva seu tempo. É decisivo, contudo, que, com a clara e firme imaginação do que se deseja, isso já comece a existir.

Para o leitor de formação científica em geral, é difícil compreender que existe uma ponte perfeitamente viável e exeqüível entre a física e a metafísica. A física é a doutrina dos corpos. Na filosofia da física científica ortodoxa, a divisão de um cubo não deixa de levar à multiplicação do corpo, mas a soma dos novos cubos terá sempre o mesmo peso do original. A física se relaciona com o espaço exterior do universo, com o mundo da matéria. A metafísica tem relação com o espaço interno do universo, com o mundo do sentimento, do pensamento, dos nossos sentidos.

Com certeza você conhece esta frase: "Alegria repartida é alegria duplicada". Nela afirmamos intuitivamente a verdade, sem entendê-la com clareza, porque, na visão metafísica, trata-se de outras formas de fenômenos e não das costumeiras formas da matéria.

Cada forma de energia relacionada com a dimensão material pertence à física; por exemplo, a energia cinética (pressão), a energia elétrica (tensão, amperagem), calor, frio e outras. Tudo isso é energia que faz parte do mundo material.

Procure entender o que a seguinte afirmação quer dizer: *A energia que você investir na consecução de um objetivo será o impedimento no caminho para o objetivo.* Medite nisso. Quanto mais quiser impor sua vontade, tanto mais ela o afastará do que você deseja. *Quando quiser forçar algo, não confie em si mesmo.* Cada esforço de vontade é a conseqüência de receios e medos, e se torna uma barreira.

Reconheça que no fenômeno da multiplicidade Deus é *um*. Aprenda a entender que designações como "poder", "força", "energia", se referem a dois tipos diferentes de energias.

A força física e a vontade fazem parte do mundo material. A fé, a confiança, a harmonia, a esperança e os pensamentos estão voltados para o mundo espiritual, e são muito superiores a qualquer força física ou vontade. Você nunca é nem será o que *quer*, mas você *é* o que *pensa* e aquilo em que *acredita*!

A confiança, a fé, a esperança e o receio são sempre superiores à vontade. A sentença bíblica de que "O que temi veio sobre mim" está, portanto, absolutamente correta. Temer é crer que algo não vai sair bem e, com isso, quase sempre se obtém esse resultado. O medo, isto é, a fé negativa sempre se realizará mais do que a força de vontade. Por isso, tantos filósofos dizem que deveríamos parar de querer e de exigir. Quem aprender a ter fé na realização da sua esperança se comportará inconscientemente de tal maneira, que aquilo em que acredita se tornará realidade no universo físico, se materializará por sua atitude ou, falando misticamente, ocorrerá por seu intermédio. A primeira coisa que o aluno de ioga aprende é a aceitação: aquilo me respira, não sou eu quem respira. "Aquilo" é o que, de modo aproximado, podemos chamar de princípio da vida. Afirme a partir de hoje: *"Aquilo acontece através de mim"*.

"Aquilo" é tudo o que corresponde ao princípio da vida, a tudo o que for afirmativo e construtivo. Tudo quanto serve à vida e não a contradiz acontecerá depois através de você. Diga para si mesmo: *Quero crer nisso e prefiro crer até a morte a duvidar uma única vez!*

Quando você tiver compreendido isso, terá dado o passo mais importante da sua vida. Depois poderá finalmente parar de querer dar cabeçadas contra a parede e de se intrometer em tudo, como faz a maioria dos homens; desejar mudar algo sempre está errado. Nunca se eliminou um problema por querer mudá-lo ou deixá-lo de lado. O primeiro passo só pode ser aceitá-lo, o que significa observá-lo atentamente e revivê-lo. Esta atitude terá como conseqüência uma mudança em nós mesmos, o que, por sua vez, eliminará o problema ou o fará aparecer sob uma luz diferente.

O fundamento de tudo é o espírito; tudo nasceu do espírito; portanto, você deveria dedicar sua atenção à origem das coisas. Reflita. Melhor ainda: medite sobre a natureza, a propriedade e a existência da fé, do amor e dos pensamentos. Reconheça que a fé é a maior energia do universo. Em sua meditação, solte um grito para o cosmo, um grito que contenha toda a sua vontade de compreender as energias que unificam tudo o que existe. Se repetir este chamado – na oração ou na meditação – durante vários dias seguidos, com toda a certeza uma porta se abrirá para você. Dentro em pouco, sentirá e compreenderá intuitivamente a lei que o criou, a lei que o guia e dirige.

Depois disso, você já não acreditará mais em qualquer coisa e a sua fé não será mais uma fé cega. Ela não será mais orientada pelas doutrinas, filosofias ou encadeamentos de pensamentos humanos. Dirigir-se-á para a única coisa importante: a saudade da parte pelo todo, o acesso à harmonia que criou todas as coisas e o poder infinito do seu subconsciente, que encerra tudo o que você necessita para a sua realização.

A mentira, um abismo no caminho da vida

Se houver contradições em seus pensamentos, palavras e atos, serão precisamente essas diferenças que se expressarão por meio de tensões que o impedirão de ser autêntico.

O homem que age sempre de modo diferente do que sente, sentirá uma crescente frustração, tornar-se-á mais agressivo e, em pouco tempo, dirigirá sua agressividade contra aqueles que o rodeiam. Ser amigável com alguém que não se aprecia consome mais energia e dá menos compensações. A falsa amabilidade fará com que se sinta indigno de confiança e você começará progressivamente a desprezar-se devido a essa desonestidade.

Com a não-aceitação de você mesmo, instala-se a base do insucesso. A conseqüência é que você passará a desaprovar os próprios atos e, se não perceber o que está se passando, começará a tornar-se agressivo e rancoroso. Tudo começa pequeno, inclusive a desonestidade. O semelhante atrai o semelhante. Uma mentira atrai outra mentira até chegar ao ponto em que você não acredita mais em você mesmo e já não sabe mais se pode confiar nas próprias palavras ou sentimentos. Nesse ponto, não falta quase nada para nos tornarmos o alvo das mentiras dos outros. Mentirão e você nem perceberá mais isso. Se você for sincero, isso fará com que os outros também sejam sinceros com você.

Gosto de chamar os meus seminários – que se realizam com extraordinário êxito – de "cursos de franqueza".

Procure recuperar a capacidade de ser franco. Escute-se a si mesmo quando fala e pensa. Dentro de você há uma voz – cada um a tem – que diz exatamente o que é verdadeiro ou não. Aprenda a obedecer novamente a essa voz – é a voz da sua ética, do seu eu superior. É a voz de Deus!

Se preferir, poderá chamar isso de sentimento. Aprenda então a confiar novamente nos próprios sentimentos. O que mais apreciamos e amamos no semelhante são os seus sentimentos, aqueles que essa pessoa é capaz de manifestar e oferecer.

Um dos grandes tesouros que você possui é o fato de ser um homem "sensível", no sentido ético. Como é que você "sente"?

Se quiser aprender a acreditar no que é mais importante em sua vida – você mesmo – desterre a mentira. É muito fácil: comece a desejar a verdade, comece a amá-la.

O que você ama virá ao seu encontro!

Medite sobre esta frase: Quero amar a verdade e reverenciá-la!

Se na busca de si mesmo você encontrar algumas coisas que realmente devem ser mudadas, não se condene, perdoe-se. *Quem condena o seu próximo, pode errar. Quem perdoa, jamais se engana!*

O conhecimento é a base do sucesso

Na minha prática clínica, é comum lidar com pacientes cujas tentativas de serem bem-sucedidos através da programação de pensamentos positivos alcançam bem poucos ou nenhum resultado, ou mesmo chegam ao fracasso total. Pode-se explicar esse fato. A estrutura social e os padrões educativos do homem que pertence à civilização ocidental estão ancorados em tantos pensamentos negativos e angustiantes, que mesmo a programação mais positiva se torna quase ineficaz. Se, durante os anos da infância, o modelo principal de educação consistir em provocar o medo, a palavra consoladora de paz e de amor pode, no início, não adiantar nada ou muito pouco.

Criar condições prévias para uma mudança significa então identificar os impedimentos que jazem no subconsciente e dissolvê-los. Para isso, recorremos à chamada "vida das imagens catatímicas", a vida das imagens psíquicas. A existência de símbolos primitivos, comuns a todos os seres humanos, torna possível encontrar, com relativa facilidade, as causas e origens dos medos nos anos anteriores e diluí-los. Só depois disso, quando já não há mais nenhuma resistência no subconsciente, pode-se começar a colocar aos poucos a sugestão positiva do pensamento *estou em harmonia comigo mesmo e com meu ambiente.*

O subconsciente representa cerca de noventa por cento da sua dimensão espiritual. Ele pode ser comparado a uma conta bancária: seja qual for a quantia que você tenha na conta, números vermelhos ou pretos, ela tem a propriedade de crescer e tornar-se mais forte. Se esperar bastante tempo, os valores da conta dobrarão. Os mil que você deve terão se convertido em dois mil de débito, e os mil que você tem a receber terão se transformado em dois mil de crédito. Isso corresponde a uma lei que encontramos por toda a parte. Tudo atrai o seu correspondente. Dívidas atraem dívidas, crédito atrai crédito. Riqueza atrai riqueza, pobreza atrai pobreza; por isso, os ricos se tornam cada vez mais ricos e os pobres cada vez mais pobres. Esse processo corresponde a uma lei espiritual. O seu subconsciente é como um gravador de fita. Tem a incumbência de gravar, não a capacidade de julgar se determinada gravação é boa ou má. Ele deve reproduzir a música cada vez que você quiser ouvi-la, e você até pode aumentar o volume do som. O gravador tem a função de um armazém, de um amplificador.

O subconsciente é como um computador. Armazena informações e conhecimentos e até pode combiná-los em novos conhecimentos, mas não é propriamente criativo.

O subconsciente é como um jardim. Você é o jardineiro. Seja o que for que semear, pode esperar que crescerá; as plantas brotarão no jardim. Da semente de cardo você pode esperar cardos. Você não plantará couve, se deseja cenouras. Tudo cresce apenas segundo seu gênero. Tudo que se semeia nasce no jardim, a não ser que haja um impedimento direto que se oponha ao crescimento. Muitas pedras têm esse efeito; são, então, um impedimento. A falta ou o excesso de água também podem agir como impedimentos.

Nesse caso, não deve haver impedimentos em seu subconsciente, obstáculos que se oponham aos seus desejos e objetivos. Se você desejar amor, tudo o que não corresponder ao amor será eliminado. Tudo o que você ama virá ao seu encontro. Mas, durante longo tempo, a malícia, a agressividade e a má vontade oferecerão resistência às gotas constantes do amor.

Por isso é, de certa forma, necessário fazer um balanço, dispor-se a ouvir a voz interior e indagar: quem sou eu? Que penso durante a maior parte do dia? Sou amoroso ou agressivo? Medite sobre esta frase: *Conhecer os impedimentos e dissolvê-los é um passo importante no caminho da minha auto-realização!*

Muitas pessoas que me procuram, querem receber sugestões boas e efetivas para programarem novamente seu subconsciente. Quase sempre se esquecem, no entanto, de que a melhor fórmula de nada serve, quando as condições prévias para a modificação não existem.

Quando você dirige um próspero negócio agrícola, por acaso você compra a semente mais cara para depois jogá-la na rodovia? Certamente que não. Você procura um pedaço de terra apropriada, um jardim, prepara o solo, retira os impedimentos e, somente depois, planta a semente. Nesse trabalho, o preparo representa dois terços do total da operação. Semear é relativamente rápido e o mais importante – o crescimento da semente – ocorre em seguida de forma espontânea.

Pense no bem, e haverá o bem. Pense no mal, e surgirá o mal.

Lembre-se de que pensar equivale a semear. Seu subconsciente nunca teve a função de distinguir entre o bem e o mal. Seu *consciente* exerce a função de um guardião na porta de entrada, ele deve separar o joio do trigo. Tenha consciência disso! O que você faz, não é decisivo, mas o conhecimento que obtém com essa ação é importante.

Na medida em que você se tornar consciente do modo como funciona o seu espírito, os impedimentos desaparecerão do caminho da sua vida. Quanto mais conversar com os amigos sobre as leis espirituais e quanto mais você mesmo refletir sobre elas, tanto mais clara e transparente se tornará a relação entre a causa e o efeito.

Imagine que seus óculos estão com as lentes sujas por dentro e por fora. Você acredita que esses impedimentos (os pensamentos destrutivos) que aparecem nas suas lentes são reais; no seu modo de ver eles o são, porque sem óculos você não reconhece a imagem. Por isso, é certamente importante saber de que tipo é o filtro através do qual você vê o mundo ao seu redor, de que espécie são os modelos espirituais que orientam o seu raciocínio e até que ponto esse modo de pensar o afasta da realidade. Existe uma preferência inerente por certos padrões ou os padrões estão automaticamente voltados para o fracasso?

Trate de obter uma visão clara e procure reconhecer o objetivo do princípio da vida. Tudo o que existe no universo se volta para a concepção clara do bem, do que é melhor e do que é construtivo e depende unicamente de você, ser a favor ou contra. *"Escolha a quem deseja servir".*

Ocupar-se com leis espirituais conduz ao "re-conhecimento", à "autenticidade", à "visão franca". Tudo o que você vive é efeito das causas que você mesmo criou. Desse modo, fica fácil explicar o karma; ele é a reação às causas que se põem em andamento.

Em sua grande maioria, as pessoas relacionam o karma com os atos culposos praticados em vidas anteriores. Levei também um bom tempo até ver claramente que é ilógico ser castigado aqui e hoje, nesta vida, pelos chamados pecados de encarnações passadas. A lei do karma aprisiona o ignorante e liberta aquele que a conhece! As leis espirituais não castigam ninguém e muito menos por tolices das quais já nada mais se sabe. Durante longos anos, não compreendi este ponto apesar de discuti-lo com meu venerado instrutor, o Dr. Murphy. Dizia ele: "Um bom pai não castiga o filho por pecados sobre os quais este nada sabe".

Sou da opinião de que a filosofia do karma só deveria aplicar-se às vidas anteriores, quando houver anomalias que, com certeza, não têm sua causa na vida presente. Nascer aleijado, ter uma doença física ou espiritual grave, ou morrer muito jovem; trata-se de fatos que certamente não são efeitos de causas criadas nesta vida. Fora isso, quase nunca precisamos dedicar muito tempo para encontrar os motivos dos nossos sofrimentos.

A lei do karma liberta aquele que a compreende, porque o conhecimento de que as causas que eu mesmo gerei — sejam elas negativas ou positivas — produzem forçosamente seus efeitos, e me ajuda a compreender que sou responsável por mim.

Aquele que, ao contrário, acredita estar condenado a pagar pelos pecados de vidas anteriores fica como que preso a esta crença; e estar preso é a forma plástica mais direta do inferno.

Digo "graças a Deus" por existir a lei do karma. Tal como a compreendo, ela me liberta do jugo ameaçador de um destino incerto e me promete *plena* liberdade de ação e a esperança de uma vida em paz e em liberdade!

Não há dúvida de que, no caminho da evolução, a alma necessita passar por muitas estações até alcançar o ponto em que a roda da morte e do renascimento pára. Parece-me, no entanto, ser lógico e evidente que o fim de cada existência física também seja o encerramento de uma história completa em si mesma. De acordo com o testemunho de muitos místicos, na hora da morte ocorre uma visão retrospectiva da vida que passou.

Elisabeth Kübler-Ross teve a confirmação disso nos longos anos de trabalho com moribundos que voltaram à vida. No momento da morte, desfilam novamente, em poucos segundos, as estações mais importantes da existência diante dos olhos espirituais. O moribundo reconhece as inter-relações, percebe seus motivos e reconhece o fundamento de sua atuação; reconhece os erros desnecessários, o que estava certo ou menos certo e se dá conta de que a causa de todos os enganos foi o desconhecimento das leis espirituais.

Você precisa saber que o *único pecado é a ignorância das leis espirituais.*

A igreja cristã define o "Juízo Final" como a ressurreição corporal de todos os que viveram alguma vez, ainda que tenham transcorrido milênios. Nessa concepção não importa que se trate de múmias em túmulos ou apenas nada mais que pó; todos serão chamados à presença de Deus para serem julgados. Considero isso uma espécie de humanização que provavelmente deveria servir como um simbolismo destinado a uma melhor compreensão do assunto, mas, para mim, trata-se de uma forma simbólica sem lógica. Penso que o "juízo final" ocorre no instante da passagem do nível corporal para o nível espiritual. Jamais se dá diante de uma associação de divindades, mas no interior do homem. É o reconhecimento da verdadeira natureza das relações entre causa e efeito. O julgamento divino talvez provocasse oposição e contradição e até mesmo uma teimosa persistência no ponto de vista pessoal.

O autoconhecimento, entretanto, permite uma ampla mudança de orientação. A passagem para a próxima dimensão talvez seja para você também o momento mais importante da vida, porque muitos homens passam por esse momento de "iluminação". Iluminação significa tornar-se livre das amarras do mundo material. Com freqüência, os moribundos têm uma aparência pacífica, talvez porque tenham entendido que aquilo que queriam era inevitável!

Ser iluminado significa tornar-se o próprio fundamento eterno do *ser.* Ser iluminado significa viver uma transformação espiritual e estar constantemente num estado comparável à intuição. Você poderá esperar por isso até o fim da sua vida ou começar aqui e agora a tratar disso.

A "iluminação" é o "sim" produtivo elevado à sua mais alta potência. Pode-se comparar este processo com um interruptor de luz: gira-se bem lentamente o botão até que tudo fique cada vez mais claro. A consciência pura é como uma luz radiosa e pura. A inconsciência, como nos animais, por exemplo, expressa-se pela ausência de luz. Se – conforme diz o povo – você tem uma "cabeça boa" ou "é um tanto tapado" isso depende da sua consciência.

Depois que o pano cair pela última vez e o palco sumir com todos os figurantes e atores, as luzes se apagarem e o libreto for posto de lado, você saberá se a representação foi boa e o que poderia ter feito melhor. A partir desses conhecimentos, comece a escrever um libreto novo. Faça algumas anotações e comece com uma grande pausa criativa.

A arte da imaginação plástica

A linguagem do subconsciente é a linguagem das imagens.

As crianças de pouca idade ainda são capazes, por natureza, de pensar por imagens; elas transformam, de maneira imediata, as suas experiências em imagens expressivas. Por isso, são capazes de chorar do fundo do coração e aparentemente sem razão, de algo que nós, adultos, não sentimos emocionalmente ou então sentimos bem pouco. São capazes de rir, do mesmo modo, de uma coisa que nos traz, no máximo, um sorriso aos lábios. Ao ouvir um conto de fadas, as crianças vivem a descrição de forma tão imediata e plástica, que é como se participassem da história.

Muitas vezes, as crianças são alegres por si mesmas, sem nenhum motivo exterior. Nós, adultos, precisamos quase sempre de um motivo, um acontecimento exterior, para podermos rir. Não é em vão que se diz na Bíblia: *"Se não vos tornardes como as crianças..."*

Vamos nos tornar novamente como as crianças! Ative a capacidade de imaginar e aprenda a pensar por imagens. Você já conhece o provérbio que diz: a energia que você investe para atingir o objetivo é o obstáculo rumo à sua execução. Isso então significa que você deve usar a força de vontade para formar uma idéia viva diante da sua visão espiritual; não force nada. Você deve fazer exatamente o contrário.

Relaxe fisicamente, deite-se ou sente-se confortavelmente numa cadeira. Tente desprender-se física e espiritualmente e relaxe tanto quanto for possível. Tornar-se tenso, que é o oposto de relaxar, representa um ato de força e por isso representa uma utilização de energia, e é – como já aprendemos – um impedimento para a proporção exata da sua energia.

Talvez você já tenha praticado alguma vez o "treinamento autógeno"; nesse caso, esta explicação será desnecessária. Se não for o caso, recomendo que faça um curso num centro de meditação da Universidade Popular ou numa instituição semelhante.

Permita que a tranqüilidade interior tome conta de você. Pare de desejar. Prontifique-se a *deixar as coisas acontecerem*. Sinta: *tudo isso acontece através de mim*.

Aprenda a deixar de lado os pensamentos perturbadores, a não vê-los, nem ouvi-los. O silêncio total, nessas circunstâncias, é quase impossível para o homem da civilização ocidental. Diante de um pensamento perturbardor faça algo assim como bater em seu ombro e dizer a ele que não siga em frente, pois, nesse momento e aqui não necessita dele. Mas nunca *evite* esse pensamento.

Da mesma forma como um trator de mil cavalos não pode empurrar terra durante muito tempo, você também não é capaz de deter, por longo tempo, os pensamentos perturbadores. Pratique a lei da não-resistência. Para aprendê-la imagine plasticamente que você amarra um pedaço de seda num varal; esta seda tem mais ou menos um metro quadrado. Tente agora furá-la com uma metralhadora. Isso será impossível, porque a seda não oferece nenhuma resistência à enorme potência das balas, mas voa para cima, isto é, desvia.

Os pensamentos impedem que se veja a existência real.

A autodefesa oriental baseia-se, em grande parte, no conhecimento de como *não oferecer resistência à violência*. Lembre-se de que os semelhantes se atraem! Violência atrai violência! A vida não precisa nem deve ser um ato de violência. Não existe a "luta pela vida", mas apenas o jogo da vida. Faça o favor de observar em profundidade esta sentença: *A vida não é uma luta, mas um jogo.* (Ver F. S. Shinn, *O jogo da vida e suas regras.*)

Quando você relaxar física e espiritualmente, deixe surgir diante dos seus olhos espirituais a imagem do seu desejo da maneira mais nítida e plástica possível. Dê vida à imagem, faça-a atuar numa ocorrência, participe do evento. Comece a participar emocionalmente. Se possível, permaneça um ou dois minutos nesse estado e repita essa idéia mental, no mínimo, umas três vezes por dia. Não acredite, por favor, que a imaginação plástica será mais difícil para você do que para os outros. Você tem tanta imaginação como *todos* os outros homens.

Então você não necessita mais gastar energia para alcançar os seus objetivos, mas apenas de um espírito objetivo e equilibrado. Sirva-se da fonte de energias criativas de seu subconsciente! Sirva-se do seu poder criativo inerente e o tempo de trabalho duro ficará para trás. Lembre-se, por favor, de que ser bem-sucedido nada tem a ver com trabalho árduo.

Se, de início, você sentir dificuldades em imaginar algo plasticamente, recomendo que faça o seguinte exercício:

Ponha à sua frente uma vela acesa a uma distância de aproximadamente cinqüenta ou sessenta centímetros. Sente-se relaxadamente e descontraia-se. Deixe de pensar racionalmente e deixe seus sentimentos à vontade.

Tente perceber o que efetivamente sente agora. Tente acalmar-se, não desejar nada e simplesmente aceite o que acontece. Ficar calmo é, no fundo, bem simples; de fato, é apenas descontrair-se, é deixar acontecer, é não desejar nada! Dentro de poucos minutos, você se sentirá mais relaxado.

Contemple agora a vela durante uns cinco segundos; feche os olhos e procure ver interiormente esta imagem. Se, após alguns segundos, a imagem fugir, tente estabilizá-la durante o tempo que for possível; em seguida, abra os olhos por um segundo, feche-os de novo e trate de interiorizar a imagem mais uma vez. Faça isso durante uns cinco a dez minutos. Para o primeiro dia é bastante. Depois de uns poucos dias, já constatará que, diante de seus olhos espirituais, surge uma imagem simples, como, por exemplo, uma vela acesa, uma árvore, uma casa, um automóvel, etc.

Se, durante esse exercício, mil pensamentos passarem pela sua cabeça, isso será inteiramente normal. Só depois de longo treinamento, reinará mais calma nessa confusão de pensamentos. Não se perturbe com isso.

Você só terá perturbação na medida em que permitir que ela mande em você.

O primeiro passo para mudar isso é aceitar essa situação. Diga a você mesmo que está tudo bem e em ordem, pois, dentro de pouco tempo, será um mestre da imaginação. Lembre-se de que a *imaginação rege o mundo. O que você imaginar de modo claro, plástico e regular será uma realidade em sua vida.*

A imagem mental clara e plástica de uma casa é um ato criador e já é realidade no nível espiritual. Pode-se mobiliar a casa, tomar posse dela, instalar-se nela. Se for capaz de imaginar isso espiritualmente e também sentir-se dentro da imagem, o poder infinito do subconsciente começará a realizar isso na dimensão espacial e temporal na qual seu corpo existe.

Procure agora lembrar-se do que já realizou em sua vida. O que conseguiu? Algo de positivo? Ou de negativo? Tente admitir isso, mas admitir *tudo* mesmo. Reconhecerá que tudo é ou foi uma realização de suas próprias imagens e pensamentos. Nada, nenhuma felicidade ou infelicidade, nenhuma doença, lhe aconteceu por acaso!

Dê este passo difícil, mas necessário, de admitir isso plenamente!

A maioria das pessoas gosta de evitar esse ponto. Aceitar tal pensamento significa ter responsabilidade. De que modo você quer ficar rico, se não quer aceitar uma responsabilidade? Uma coisa condiciona a outra. Você conhece o ditado: *a riqueza traz obrigações.*

Confie em você mesmo; seja o que for que conseguir, isso será bom e lhe dará prazer. Deus lhe deu o desejo e Ele lhe dá também a capacidade de realizá-lo.

Sendo um ser humano, você é uma obra-prima e suas capacidades são ilimitadas.

Treinar a imaginação plástica e confiar na miraculosa energia do subconsciente é o caminho para o sucesso. *Imagens plásticas levam ao sucesso.*

Klaus K. voa para a Costa Esmeralda

Participei há pouco de uma festa noturna de verão que um conhecido meu havia prometido realizar anos atrás, em agradecimento pelo primeiro milhão que conseguiu.

Alguns anos antes, Klaus K. viera consultar-se comigo, porque lera a meu respeito num jornal. Conhecia as leis espirituais e queria ser ajudado a se tornar bem-sucedido na vida. Tinha uma idéia e queria realizá-la com grande energia e força de vontade. Jovem, com trinta anos, cheio de esperança e boa vontade e com muita experiência, estava diante de mim e dizia: "Vamos! O que preciso fazer?".

Recomendei-lhe primeiro viajar e passar uma semana na Costa Esmeralda, observando ali os ricos no luxuoso hotel Cala Di Volpe. Deveria ver como, na pitoresca baía em frente ao hotel, estavam ancorados, para serem admirados, os iates dos multimilionários. Ele deveria conhecer o luxo e a qualidade de vida dos abastados. Eu queria que apreciasse como, por exemplo, de um iate de vinte milhões, um helicóptero pousado ao lado de um Rolls-Royce levantava vôo para conduzir o dono ao hotel para um jantar à luz de velas. Klaus deveria ver que, em certas circunstâncias, a riqueza financeira pode contribuir bastante para o bem-estar.

Esperava que ele fosse capaz de ler no rosto dos hóspedes se estes eram felizes e equilibrados e se estavam em harmonia consigo mesmos, ou se eram apenas ricos.

Imaginei que, durante sua estadia, surgiria dentro dele o desejo de participar também daquilo e, ao lado de uma companheira ideal, ter um avião próprio e tudo mais que lhe agradasse.

Creio que naquela ocasião Klaus K. ficou mais do que estupefato, fitando-me cheio de dúvidas. Contudo, durante nossa conversa, consegui convencê-lo utilizando-me da teoria de que era mais fácil criar uma imagem mental a partir do que já se experimentou do que a partir de meras idéias de desejos sem qualquer relação com a realidade vivida!

Duas semanas mais tarde, Klaus K. partiu. Já dois dias depois de sua chegada, telefonou-me entusiasmado e agradecido pela idéia maluca que o levara a voar para a Sardenha. Lá sentia-se como um peixe na água, conforme dizia, e tomara a decisão de voltar àquele lugar, dentro de alguns anos, para passar umas quatro semanas de férias sem preocupações financeiras. Era essa exatamente a minha intenção.

Estava preparado o fundamento para uma boa imagem mental. Klaus K. veio para uma terapia e, em seguida, freqüentou também alguns dos meus seminários e aprendeu a se tornar um mestre da imaginação. Ficou claro para ele que o mundo é regido pelas imagens mentais. Hoje, ele vive uma vida sem preocupações; sabe que, haja o que houver, faz parte do número dos bem-sucedidos. Tem agora uma bela mulher, consciente de si, e ambos gozam de plena saúde e se alegram com o tempo que têm à sua frente.

Comece ainda hoje a formular um plano claro para o futuro. Este será a soma dos pensamentos atuais que lhe retornam por outra porta. O que você pensar hoje será uma realidade amanhã. Seu presente nasceu dos seus pensamentos passados. Se está satisfeito com o presente, os seus pensamentos passados foram claros e construtivos. Se não for esse o caso, agora é o momento certo para lançar a pedra fundamental do futuro que você desejar.

Pobreza é doença espiritual

Você é pobre? Neste caso, ou é preguiçoso ou as suas faculdades espirituais não funcionam corretamente. Pelo simples fato de ser humano, cada pessoa normal tem condições de realizar o desejo de uma vida plena de harmonia e de satisfação.

No momento em que estiver lendo estas linhas, você é um ente ricamente dotado pela natureza e que deve crescer no sentido da evolução. Aí você será o que Shakespeare diz: "Que obra-prima é o homem, como ele é nobre pelo bom senso, quão ilimitadas são suas capacidades, sua figura e seus movimentos! Na atuação é parecido com os anjos e na compreensão com um Deus". *A miséria é um erro.*

Comece a despertar, senão seu fleuma espiritual criará situações que o *obrigarão*, mais cedo ou mais tarde, a tornar-se ativo.

Como já afirmei antes, o sofrimento exerce justamente a pressão necessária à superação do nosso fleuma! O que sentimos como sofrimento começa então toda vez que ficamos, durante tempo demasiado longo, parados sem fazer nada. É preciso ser voluntariamente ativo. A grave doença causada pelo ócio já deu a muita gente o tempo necessário para tomar conhecimento da função do sofrimento. A pobreza não é, com certeza, nada daquilo que Deus deseja, ou, se quiser ouvir isso de modo diferente, ela não é um estado planejado pela natureza. E por que deveria ser? Pobreza é insuficiência e onde quer que se olhe para a criação, reina nela, por toda parte, a riqueza e a abundância. A doença tem origem no pensamento deficiente, o que dá como resultado a compreensão deficiente das interdependências daquilo que chamamos sofrimento. Não há, na natureza, nenhuma lei que vise à pobreza, à doença e à insuficiência. Tome *consciência* disso!

Faça alguma coisa!
Você não chegará a nenhum lugar, se não começar
a andar.
Se não bater, nenhuma porta se abrirá.
Faça alguma coisa!

Kristiane Allert-Wybranietz

Sua pobreza tem causas claramente definíveis. Logicamente a sua riqueza também. Tudo é causa e efeito. Eu já disse uma vez: *Vivemos num cosmo de relações causais e logicamente essa afirmação não o exclui.*

Para auxiliar na realização de seu desejo de bênçãos materiais, você deveria se motivar: *É bom que eu possa fazer circular muito dinheiro. Meu desejo de viajar é plenamente legítimo, o mundo é belo e essa beleza só pode me ser útil, se tomar conhecimento dela e a contemplar.*

Gosto da vida sociável e meu desejo de ter uma casa bonita se justifica e eleva minha qualidade de vida.

Quero dar à minha família tudo o que há de útil no nível material; minha mulher gosta de vestidos bonitos e de jóias e quero que meus filhos tenham esmerada educação.

Tudo isso constitui, na minha vida, motivo para que eu considere o dinheiro bem-vindo. Quero investi-lo por bons motivos e alegro-me com minha riqueza.

Deus multiplica infinitamente minhas boas coisas.

A atitude que corresponde a essa postura espiritual é a causa do bem-estar e da abundância.

Por isso, formule um conceito, no qual você é o motivo, o fundamento de sua participação na riqueza do mundo. Anote a razão pela qual necessita de dinheiro; imagine o que vai fazer com ele e procure os motivos que justifiquem sua posse.

Ponha um sentimento bem forte na base de todos os seus desejos. Peça, com o direito inato de um filho de Deus, o bem-estar que lhe pertence. Você alcançará o que deseja.

Uma pessoa gravemente enferma desejará sobretudo saúde e vai com isso provocar os efeitos necessários que, por seu turno, produzirão, em seguida, o resultado desejado.

Um pobre não fica rico por acaso; seu desejo sadio por riqueza é a força motriz para o sucesso. Cada dia, ao se levantar, leia em voz alta suas anotações e deixe que, desse modo, se crie dentro de você a imagem espiritual do que deseja.

Permaneça com persistência no caminho; só pode chegar aquele que tem um objetivo.

A criação foi feita da substância chamada alegria. Não existe nenhum princípio de doença ou de pobreza.

Ambas as situações são criadas pelo homem. Uma planta cuja semente haja caído num chão pobre, não pode abandonar esse lugar devido à sua condição de imobilidade espiritual. Foi o espírito que criou o corpo e, por isso, a imobilidade espiritual manifesta-se também no corpo. Mas você é homem, a coroa da criação, e está em condições de se mover espiritual e fisicamente.

Se descobrir que o lugar e as circunstâncias da vida em que se encontra atualmente são desfavoráveis, você pode ir embora e procurar um lugar melhor, um lugar onde suas sementes – seus pensamentos – possam crescer melhor. O desenvolvimento da matéria depende do desenvolvimento da consciência e esta se expressa pela liberdade. *A essência da natureza humana está no ato de pensar.*

O princípio da vida aspira ao crescimento. E crescimento significa ser mais, melhor, maior, mais belo. Aumente então o que você possui e trate de se tornar melhor do que é agora. Cresça interiormente e tudo isso se expressará em beleza.

Quem é pobre não participa do princípio da riqueza e esta "não-participação" não pode ser outra coisa senão uma renúncia voluntária, porque nada e ninguém o impedem de ser rico ou pobre. Quem é pobre está doente e essa doença é falta de conhecimento quanto à riqueza interior. Quem se sentir rico interiormente, atrairá a riqueza espiritual. A riqueza espiritual se manifesta pela beleza, pela harmonia, pela saúde e pela felicidade e tudo isso desvia automaticamente o que for indesejável. O mal só acontece por causa da ausência do bem. Nisso, a ausência representa o mesmo que a não-consciência e o seu dever é este: treinar a si próprio para ser consciente!

Há algum tempo, o diretor de uma agência internacional de propaganda veio ao meu consultório. Devido à pressão do dever de gerar a cada dia idéias novas, sentia-se como um limão espremido. Estava no extremo de sua capacidade produtiva e temia por sua posição. Acreditava que, com minha hipnoterapia e com meus seminários (de que já ouvira falar várias vezes), pudesse recuperar rapidamente a capacidade de atender às exigências do trabalho cotidiano.

Durante as sessões de terapia, foi bastante fácil fazê-lo reconhecer que possuía mais do que apenas o seu intelecto e a sua inteligência para produzir idéias eficazes para a propaganda. No seu caso, foi fácil ajudá-lo a ter mais confiança em suas faculdades intuitivas.

Graças à sua elevada posição, já havia confiança nele; só era necessário aprimorá-la ainda mais, a fim de criar as bases para as inspirações intuitivas. Meus colaboradores lhe transmitiram o sentimento de uma atitude positiva quanto à harmonia, à paz interior e ao amor a si próprio e aos outros. Poucas semanas mais tarde, esse diretor de propaganda já tinha uma personalidade diferente. Não só encontrou uma fortaleza de paz interior, a partir da qual dominava, igual a uma rocha na arrebentação, seus compromissos profissionais, mas deu também a seu casamento – até então fonte de discussões nada agradáveis – uma base nova.

Há alguns anos, cunhei a frase: "Se existe um círculo diabólico, é forçoso que haja também um círculo angelical". Lembre-se: círculo diabólico – uma infelicidade atrai outra. Então, no círculo angelical, um acontecimento feliz atrai outro. Este processo corresponde à justiça de compensação da lei espiritual.

O amor se manifesta pela tolerância

Tal qual um rato na ratoeira, estamos todos presos no mundo dos pensamentos que nós mesmos construímos. Se você, por exemplo, é um homem, poderia pensar em ir de calças vermelhas ao escritório, apesar de gostar dessa cor? Para nós, é quase sempre inimaginável um costume diferente, como, por exemplo, o dos *punks*, dos *sannyasins* ou dos feiticeiros. Nossa educação e nosso meio social formam os nossos conceitos. Só nos sentimos seguros quando podemos pressupor que nossos semelhantes pensam da mesma forma que nós. Se o nosso vizinho vive de maneira diametralmente oposta à nossa, assumimos imediatamente, na maioria dos casos, uma atitude de oposição.

Justamente essa atitude diante da vida deveria ser repensada e igualmente mudada. Trata-se de deixar que cada um viva segundo sua visão do mundo. Afinal de contas, trata-se do seu mundo particular e cabe-lhe o direito de viver como quer. Não julguemos para não sermos julgados. Se for para julgar, é melhor ajudar a melhorar!

Onde quer que você ofereça resistência e oposição você se torna um bloqueio e, desse modo, bloqueará a si mesmo! Onde não houver juiz não haverá sofrimento. Pare com essa atitude de ser do contra, decida-se a ser principalmente *a favor*! Cada pensamento contrário a algo precisa ter, de acordo com sua própria natureza, um efeito limitado.

Essa limitação atinge, em primeiro lugar, a você mesmo. Aprenda a ser tolerante com as crenças e idéias diferentes e com as pessoas que simplesmente não entende. Há 4,8 bilhões de homens no mundo; são 4,8 bilhões de caminhos para Deus e para a auto-realização. Perdoar tudo significa compreender tudo. Envie amor e boa vontade aos que você não entende. Você pode mudar o mundo, mas apenas quando modificar a si mesmo. O amor tem a capacidade de elevar qualquer situação e de transformá-la. O amor é a forma mais elevada da religião.

Viver é uma manifestação do amor e viver é fluir, crescer e admitir. Meça sua capacidade de viver pela capacidade que você tem de tolerar. *O amor é a passagem do finito para o infinito*.

A verdadeira liberdade é a liberdade interior

Liberdade? Nós a procuramos, em vão, nas férias que passamos em clubes tropicais, e tentamos tragá-la, sem êxito, dos cigarros ou capturá-la sentados em carros velozes.

Jamais a encontraremos no "gosto sofisticado" que tentam nos impingir e folheamos, em vão, os extratos de nossas contas bancárias para ver se a encontramos ali. A liberdade está dentro de cada um de nós e é um simples pão.

Kristiane Allert-Wybranietz

Cada ser humano recebeu de Deus, como dom de nascença, a liberdade absoluta. A maneira como essa liberdade é interpretada e o uso que dela se faz é coisa que depende exclusivamente de cada um de nós. A conscientização sempre é um processo individual. A liberdade do homem reside na liberdade de escolher seus pensamentos. O tipo de pensamentos que o homem escolhe sempre se evidencia, de modo absoluto, em cada situação característica de sua vida. Deus prometeu o paraíso ao homem, mas deu-lhe também o direito de recusá-lo ou de transformá-lo de acordo com seus próprios desejos. Viver no paraíso significa ser livre *interiormente*. O contrário disso seria viver como um pássaro cujas asas estão amarradas. Estar amarrado é viver no inferno; ser livre significa estar liberto de tudo que lhe foi inculcado e faz parte do mundo das convenções.

Os homens que, por consideração aos vizinhos, constantemente *não* fazem isto ou aquilo ("Que pensarão as pessoas de nós"?) ainda estão presos aos modelos educacionais que lhes foram impostos. A tradução direta dessas amarras é "viver no inferno". Estar livre dessas amarras significa ser iluminado e viver no céu, aqui mesmo na Terra. Tornar-se consciente dessas ligações é um ato de libertação.

Em sua primeira encarnação como ser humano, você recebeu esta promessa como dote para o caminho. Tornar-se consciente é o caminho para a liberdade e esta é o objetivo da humanização. O homem verdadeiro não é um ente corporal, mas espiritual, e o espírito não está sujeito, como a matéria, às leis do espaço e do tempo. *O espírito é livre!* Torne-se consciente da liberdade de poder ser tudo o que quiser ser. Torne real desde agora essa liberdade! *Seja o que quiser!* Este livro foi escrito para torná-lo consciente de que pode ser o que quiser. Não tente jamais ser o que os outros querem. Você precisa libertar dentro de si apenas o que quiser ser. Deixe de procurar; tudo está aqui; basta encontrar.

O mal existe unicamente no seu espírito

Diz-se que o mal não tem existência própria. Não há princípio algum que objetive pura e simplesmente o mal. Tudo o que nós, seres humanos, chamamos de mal é algo criado pela falta de amor. O mal – diz a filosofia – é a ausência de Deus. Tornar-se consciente da natureza do bem tem como conseqüência o conhecimento de que tudo o que é mal resulta de um entendimento errôneo e, desse modo, pode-se evitá-lo futuramente.

Num outro trecho, eu disse que o fracasso não existe e que tudo tem um sentido. A uma observação meramente superficial muita coisa parece não ter sentido e estar errada. Você ainda não fez nada de errado na vida. Fazer algo errado significaria fazer coisas contrárias aos programas que existem dentro de você! Se lhe parecer que alguma coisa em suas ações está errada, isso quer dizer que você *acredita* ter feito algo errado; a causa do erro é o fato de que você não está consciente do que se passa no subconsciente. Na vida, tudo o que gostamos de chamar de absurdo tem primordialmente sentido. Não poderia ser diferente do que é porque você mesmo programou esses absurdos dentro de si.

Tudo são obras-primas. Atos falhos são apenas obras iniciadas de forma errada. A rigor, nem mesmo existe o "bem", pois trata-se apenas da interpretação humana de uma realidade; também é errado, falando literalmente, referir-se ao "bom" Deus.

Uma médium inglesa, em Belgrave Square, me transmitiu algo muito importante, ao dizer-me que "Deus não é bom nem mau. Deus existe!"

Com alguma reflexão, você reconhece que o chamado mal não possui realidade própria em si mesmo; ele nada mais é do que a experiência da alma através das encarnações, em seu caminho para a verdadeira realidade. O mal não é uma entidade, mas é criado pelo mau uso do bem. Bem e mal se criam sobretudo devido aos nossos problemas de convivência com a linguagem. Deus está *além* do bem e do mal. O mal tem origem quando o bem está no lugar errado. O mal não tem existência, é então a verdade e o bem colocados no lugar *errado!*

Como homem, você recebeu o privilégio de reconhecer Deus dentro de você e de reconhecer a você mesmo. Esta Graça, no entanto, está ligada à obrigação de prosseguir neste caminho depois de tê-lo começado.

Olhar para trás, parar ou até mesmo voltar significa (no sentido da evolução) voltar a ser animal e regressar às amarras.

Mas você se decidiu a prosseguir no caminho rumo à conscientização, à humanização propriamente dita. Vamos juntos!

Proibição do uso das máquinas

Certo dia, um pai veio trazer o filho, Erich, para uma consulta.

Erich era aprendiz de mecânico e um tipo que atraía acidentes. Sofria constantemente ferimentos, porque seus dedos, pés ou cabelos sempre ficavam próximos demais das máquinas com que trabalhava.

O médico da empresa proibiu-o então de lidar com máquinas e isso para o jovem significava tanto quanto mudar de profissão. No entanto, ele não era nem menos inteligente nem mais desajeitado do que os outros. Só conservara aqueles modos nervosos e tensos de tantos jovens, desde a época escolar, hábitos criados pela pressão e pelo excesso de exigências. Hoje esses hábitos são considerados a fraqueza da civilização, de que sofre grande parte dela. Vinte por cento das pessoas são vítimas de oitenta por cento dos acidentes.

Os temores do jovem de segurar alguma coisa de modo errado e de ser tido como insuficiente desorientaram seu subconsciente, encaminhando-o diretamente para o fracasso. Sofria, conseqüentemente, de maneira constante, em seu corpo, o que seus pensamentos angustiados imaginavam. Faltava apenas libertá-lo de seus conceitos mentais nocivos e reconstruir sua personalidade.

"Apenas libertar"; isso pode parecer simples demais para alguns. Mas para quem já experimentou, no próprio corpo, o efeito do *pensamento positivo*, a transformação da personalidade torna-se um processo simples. Esta "libertação" representa naturalmente também a superação da tenacidade com que cada ser humano se apega à antiga estrutura de pensamento.

Quanto mais inteligente for o homem, mais teimosa será sua atitude. Ao lado do tratamento pela hipnose, o jovem aprendiz recebeu para auto-sugestionar-se diariamente, as seguintes fórmulas:

"Sou bem-sucedido, estou completamente desperto, em harmonia comigo mesmo e com meu ambiente.

O amor de Deus inunda todo o meu ser.

O meu passado é a base dos meus futuros sucessos.

Os impedimentos são amigáveis e servem de trampolim."

Duas semanas depois do encerramento do tratamento, nos encontramos de novo num seminário. Ele me transmitiu lembranças do seu chefe e o inscreveu logo para consulta e terapia.

Oito dias mais tarde, recebemos a notícia de que a proibição de lidar com as máquinas fora cancelada.

Por que você não vira, finalmente, a folha?
Demora-se demais lendo a mesma página,
e ainda se admira de sentir que parou!

Kristiane Allert-Wybranietz

CAPÍTULO 3

Meu tempo de transformação

Meu tempo de transformação e de um novo começo se deu alguns anos atrás. No trajeto do meu consultório à casa, minha vida mudou de modo tão repentino e total como nunca imaginei, nem de longe, ser possível. A descrição que faço a seguir, refletirá provavelmente de modo muito inadequado o que aconteceu.

Na rodovia, pouco antes de Holzkirchen, algo me forçou a desviar na direção do estacionamento seguinte. Antes mesmo de parar o carro, fui tomado de tal sentimento de felicidade, alegria e até mesmo de euforia que me parecia estar num mundo inteiramente transformado. Era um estado de encantamento; tudo brilhava com uma luz sobrenatural. Não percebi mais nada do mundo real à minha volta. Senti-me tão leve que parecia estar desmaterializado. Tive a impressão de me encontrar envolto numa luz dourada e branca feita de algodão. Senti-me tão envolvido e tomado por essa luz que experimentei a sensação de ser eu próprio essa aparição luminosa. O meu corpo, o carro e o mundo ao redor não existiam mais. Parecia-me estar tomado por uma transcendência que penetrava tudo e por uma liberdade que ia além de todas as vinculações. Libertado das dimensões do espaço e do tempo, senti-me unido ao infinito do ser. Não posso mais dizer se isso durou segundos, minutos ou uma eternidade.

Eu era exclusivamente sentimento, um sentimento comparável talvez ao de um homem profundamente religioso que recebe a Graça de estar diante da face de Deus. A partir de então, soube que aquele era um momento decisivo na minha vida, que a partir daquela experiência, uma transformação iria se realizar em todos os meus pensamentos e atos futuros. Senti-me tão unido ao infinito que acreditava estar integrado nele, ser parte dele e até mesmo ser o próprio infinito além de todo espaço e tempo. Eu era *Um* e o Todo.

Eu estava em tudo e transitava através de tudo. Foi uma experiência mística de tanta intensidade que ela permaneceu inextinguivelmente impregnada em minha alma.

Nem mesmo sei como cheguei em casa. Tirei alguns dias de férias a fim de poder permanecer o maior tempo possível com esse sentimento de transformação total.

Hoje considero esta experiência como uma grande Graça, que daquela vez me tornou consciente – na medida máxima que me foi possível – da natureza do homem.

Posso designar o efeito posterior como humildade. Fora-me mostrado um pouco das esferas espirituais que até então eu havia intuído, mas nunca sentira de maneira tão clara e nítida. Hoje, dentro de mim, há a ânsia por repeti-la. Quando chegar a época da maturidade, sei que isso acontecerá. Lembro-me, muitas vezes, daquele momento, com profunda gratidão. O resultado dessa experiência aparece freqüentemente em minhas meditações.

Assim como um astronauta contempla a Terra a partir do espaço sideral e não compreende a mesquinhez do pensamento dos homens lá embaixo, do mesmo modo, desde aquela vivência, também para mim mudou o significado do que comumente chamam de "seriedade".

Hoje sei rir novamente e os opostos parecem ter ficado transparentes. Não há mais nada a encobrir, não há mais pró e contra, nem a alternativa de. ou... ou, nem bem e mal!

O Dr. Murphy aparece-me em sonho

Ao começar a escrever este livro, minha cabeça estava repleta de mil e um pensamentos. Durante dias, não soube por onde começar.

Eu tive com meu instrutor espiritual, o Dr. Joseph Murphy, enquanto ele era vivo, relações tão boas que, sem mais nem menos, poderia ter-lhe pedido conselho. Só que, como você certamente sabe, ele foi para a outra dimensão, em 1981. Por isso, com freqüência eu monologava: "Velho Joe, ajude-me; você tem tanta experiência e tão grande conhecimento!" Enquanto isso, imaginava que ele bem que poderia me aparecer em sonho e me dar um conselho. E, de fato, certa noite eu o vi, mas tive a impressão de que lhe era custoso mobilizar tanta energia quanto me era necessária naquele momento. Vi-o apenas por um instante; ele sorria para mim e sua imagem depois desapareceu. Ou eu não tinha suficiente mediunidade para esse tipo de contato com o além, ou o Dr. Murphy não podia ou não queria falar comigo por essa via.

Três dias mais tarde, recebi de uma querida amiga espiritual, Doris Wagner, uma carta comunicando-me que o Dr. Murphy havia se comunicado com ela no dia anterior e que ela deveria dar-me notícia de que ele estava bem, que tudo estava correndo satisfatoriamente e que eu estava na trilha certa; que lá do outro lado ele tinha por missão guiar-me e ajudar-me a mostrar a milhares e milhões de homens no mundo inteiro como se pode levar uma vida feliz e bem-sucedida.

Que decisão você tomaria?

Correspondi-me durante bastante tempo com um pároco sobre questões de importância vital para ele.

A sua comunidade lhe correspondia de modo extremamente positivo. Era aceito pelos membros da comunidade como um ser humano na plenitude de significação do termo. Ele falava de um Deus bondoso, do poder da fé e procurava mostrar a seus protegidos as leis espirituais tais como já as descrevi no meu livro *O subcons-*

105

ciente, fonte de energia. Procurava corrigir a idéia de um Deus pessoal, inadmissível para a maioria das pessoas.

Tentava mostrar à luz do esoterismo o medo da morte, do pecado e da culpa, por vezes profundamente arraigados, indicando assim a cada indivíduo um caminho viável para uma vida iluminada.

Só que, lamentavelmente, essa atitude quanto aos ensinamentos eclesiásticos não foi correspondida com amor pelos seus superiores. Como padre, ele era obrigado a obedecer de modo absoluto à doutrina da Igreja. Qualquer desvio dessa doutrina, força aquela instituição a adotar medidas. Ele estava, naquele momento, em conflito: de um lado, sua própria opinião e, de outro, a que era obrigado a divulgar. O pároco era um dos dez mil que pensam de modo autônomo, mas isso nem sempre é desejado nas grandes instituições. A conseqüência de tudo isso, foi a pergunta sobre se ele deveria transmitir algo pelo que não podia se responsabilizar, ou se devia demitir-se de sua função.

Que decisão você tomaria?

Por ocasião do terceiro seminário a que assistiu, recomendei-lhe que entregasse a decisão a Deus. Ele meditou durante bastante tempo e dizia sempre inúmeras vezes: *"Faça-se de acordo com a Tua vontade e não com a minha!".* A solução daquilo que ele sentia ser um problema, veio na forma de uma mudança de cargos. Um bispo foi elevado a cardeal, de modo que seu superior acabou sendo substituído por outro, seu antigo colega de estudos. Esse novo bispo tinha uma atitude muito mais tolerante. No decurso de mais um ano, a interpretação esotérica das leis espirituais não só não sofreu mais repreensão, mas, numa conferência pública, fez-se um agradecimento ao pároco pela boa maneira como conduzia sua comunidade e pela elogiável freqüência às suas cerimônias religiosas. Simples acaso? Dificilmente. Os pensamentos construtivos, repletos de fé no bem, foram primordiais neste caso. Penso que há muito boas tentativas de inovação na Igreja, embora o "grosso" ainda se mantenha na impassibilidade.

Acusa-se repetidas vezes a Igreja de não abandonar seus velhos dogmas e erros. Ela é incapaz de ultrapassar sua própria sombra; não fala daquilo que impressiona o homem contemporâneo; não usa a linguagem da vida, mas a linguagem antiquada, muitas vezes deturpada, de Canaã.

Um crítico eclesiástico afirmou, certa vez, não haver na Bíblia frases que já não tivessem seu sentido deturpado pelas freqüentes interpretações. Desse modo, a Igreja também não consegue tomar em suas mãos a vida real. Vive e ensina de fora da vida. Se permanecer obstinadamente com seus dogmas, que nada ou muito pouco têm a ver com o homem dos nossos dias, será considerada, antes mesmo da próxima geração, um mito, e exatamente do mesmo modo como consideramos atualmente mitos as lendas dos deuses germânicos, gregos e romanos.

Temos de admitir que todo ser vivo está, constante e progressivamente, em desenvolvimento. Se, pois, a Igreja não se adaptar à modificação da consciência do homem moderno e não crescer, continuará perdendo seu interesse. Talvez possa parecer dura, mas é certa a comparação de sua situação atual com a de um paciente na Idade Média: em caso de dúvida, sangria! É exatamente o que está ocorrendo com o cristianismo; milhões de pessoas vêm abandonando sua religião. No entanto, justamente por isso a Igreja conta com uma nova oportunidade. Ela precisa decidir-se a mudar para se curar e, em seguida, tornar-se de novo o centro da sociedade.

A Igreja acredita ter o direito de absolver você dos seus pecados. Considero isso uma presunção e uma confirmação do poder dos padres da primeira fase do cristianismo, posteriormente cimentado por textos bíblicos adulterados. Isso não atrai o cristão moderno e esclarecido; ao contrário, afasta-o.

Sou de opinião que a Igreja deveria falar principalmente das leis espirituais e dos efeitos que produzem quando são infringidas. O objetivo da religião é nos tornar conscientes dentro da nossa existência e justamente nisso deveríamos encontrar a ajuda da Igreja.

A semente da conscientização já se encontra dentro de nós; precisamos apenas aprender a permitir que brote.

A Igreja deveria ensinar os famintos a "pescar" e falar da bondade de Deus na terra dos vivos. Gandhi dizia certa feita numa reunião: "Os cristãos pedem esmolas a Deus; eu não posso fazer isso".

Foi exatamente assim que entendi o meu instrutor, o Dr. Murphy, quando ele me disse que não somos mendigos à porta da riqueza. Além disso, não há ninguém que ouça o pedido e a súplica e tampouco quem os atenda.

Nada há para ser mendigado. Estamos todos sentados a uma mesa servida. Tornar-se consciente disso é a única obrigação ou, se preferir, nosso único trabalho.

Necessitamos da Igreja no nosso caminho para Deus e a Igreja necessita de nós. O que há a fazer é apenas sincronizar melhor as necessidades.

Ao falar da Igreja, é lógico que não me refiro a uma determinada instituição, mas ao princípio da Igreja, seja ela católica, protestante, hinduísta ou aquela liderada por um Bhagwan. Enquanto nos faltar uma ética adequada à realização da vida, necessitaremos de orientação.

Considero a instituição da Igreja como guia. Você não necessita dela, se você mesmo conhecer o caminho. Mas aquele que não é versado em ética, rejubila-se ao encontrar um guia *idôneo*.

No entanto, há – graças a Deus – bons começos de renovação, especialmente entre sacerdotes jovens que praticam o culto religioso moderno.

O pároco Sch. de Tegernsee é um deles. Ele tem a energia e a coragem de levar aos fiéis a palavra de Deus em linguagem atualizada. Comparado com os de outros padres, os seus cultos são bem freqüentados, o que demonstra o fato de que o desejo de redenção e a procura de Deus continuam tão grandes como sempre. A música, o teatro, o debate e os jogos são tentativas no sentido de fazer reviver a Igreja.

Muitas vezes, justamente esses representantes de ambas as confissões vêm me ver para se libertarem dos seus dilemas, do seu impasse entre o Deus vivo que têm dentro de si e as afirmações que o dogma eclesiástico impõe.

Quando o Dr. Murphy esteve em Munique, anos atrás, desejávamos que realizasse um culto religioso numa das grandes igrejas daquela cidade. Lamentavelmente, esse começo de transmissão das leis espirituais foi sufocado de imediato. Era necessário requerer uma licença à mais alta instância episcopal do país, fato inviável em termos práticos dentro do prazo limitado de tempo de que dispúnhamos.

Na América, talvez o país mais liberal do Ocidente, o Dr. Murphy falou, durante trinta anos, através do rádio e, por muitos anos, através da televisão, sobre o poder da fé e do espírito. Aqui na Europa, na Alemanha, tal coisa é quase impossível. Na minha opinião, as nossas igrejas mantêm uma atitude semelhante à dos países da cortina de ferro: ambas têm medo da liberdade espiritual do indivíduo. Temem pelo seu poder e, em nenhum caso, estão dispostas à democracia. São capazes de se manterem vivas unicamente pelo isolamento e, assim, se esquecem de que o isolamento significa uma interrupção e que não-participar é quase como estar morto.

Socorro, estou sozinho!

"Se não quiser ficar sozinho, tire, antes de mais nada, o sinal de pare do seu rosto". Kristiane Allert-Wybranietz

Um homem de uns trinta anos veio se consultar comigo; sentia-se sempre marginalizado pelos colegas, chegando a sentir-se como um *outsider*. Nos negócios, já havia percebido que, logo que entrava em algum lugar, todas as conversas se interrompiam. A não ser asssuntos profissionais, ninguém gostava de conversar com ele, coisa que, no entanto, ele desejava muito. Queria que eu lhe transmitisse autoconfiança e consciência. Dois pontos fundamentais foram rapidamente averiguados: ficou claro que ele era um delator; o que captava de conversas que ouvia parcialmente passava adiante, ricamente adornado, para tornar-se interessante. Justamente por esse comportamento, tinha motivos para se sentir pequeno, feio e desprezado. Por outro lado, sofria de um forte mau hálito, coisa da qual até os bons amigos não gostam de falar. Mandei-o ao meu dentista, excelente profissional e esoterista que há anos tratava de questões existenciais no círculo de amigos de Murphy, fundado por mim; além disso, ele também já ajudara muitas pessoas com seus bons conselhos. Na teoria da linguagem orgânica, diz-se que os homens que fazem mexericos e que falam mal dos seus semelhantes e sobretudo propalam notícias ruins tornam-se, em pouco tempo, aquilo que pensam, e começam a cheirar mal.

Só precisei transmitir a Klaus J., num dos meus seminários, para sacudi-lo interiormente, as bases do pensamento positivo. Dentro em pouco, ele compreendeu que um homem que transmite informações danosas de um para outro é, no sentido figurado, algo semelhante a um caminhão de lixo. E quem gosta de se sentir um caminhão de lixo?

Muitos seres humanos vivem solitários, porque constroem barreiras em vez de pontes.

Quando muito cedo semeamos a insegurança e os impedimentos num ser humano, não será necessário prender-lhe mais tarde as mãos com algemas.   Kristiane Allert-Wybranietz

A educação é ajuda à auto-ajuda em liberdade

Achim, de dez anos, veio de uma família na qual fora sempre castigado, criticado em tudo que fazia, além de viver constantemente pressionado.

No meu consultório, a mãe descreveu-o como nervoso, distraído, incapaz de estudar e terrivelmente infantil; nos últimos tempos, surpreendera-o masturbando-se. Quando ele estava ao lado dela, não parava de passar-lhe descomposturas: "Fique quieto; pare de mexer no rosto; deixe as mãos em paz; diga também alguma coisa..."

Com tantas reprimendas, o pobre menino parecia a ponto de deixar de respirar no momento seguinte. A mãe arregalou os olhos, quando tentei explicar-lhe que, tanto ela como o marido, deveriam ser tratados e que Achim não poderia ser diferente do que era. Se eu não tivesse usado de muito tato ao fazê-la compreender tudo isso, creio que ela me teria levado a ficar em posição de sentido. E, além disso, como essa censura seria recebida pelo marido, um empertigado e robusto coronel do Exército?

Tempos depois, os pais vieram me ver para algumas conversas, que resultaram no fato de eu tratar somente do filho; portanto, nem mesmo eu escapei à sua vontade.

Na prática, despertamos a energia inconsciente inerente de Achim, que estava totalmente intacta, como em qualquer um de nós. Sua personalidade tornou-se transparente. Um garoto que nunca decidiu nada por si mesmo e jamais teve qualquer responsabilidade, é só metade de gente.

Contei-lhe a *História das três peneiras*, a fim de fazê-lo compreender o que eu queria dizer.

Certa vez, um homem foi ver Sócrates e lhe disse: "Escute: preciso dizer-lhe algo muito importante sobre o seu amigo". "Espere um pouco", interrompeu o sábio, "você passou primeiro o que quer me contar pelas três peneiras?" "Que três peneiras?"

"Ouça então com atenção! A primeira é a peneira da verdade. Tem certeza de que tudo o que quer me contar é verdade mesmo?" "Não; só ouvi dos outros." "Mas, nesse caso, penso que você tenha passado a informação pela outra peneira, a da bondade. . ." O homem ruborizou-se e disse: "Confesso que não". "E lembrou-se da terceira peneira, perguntando a você mesmo se seria útil contar-me o que você soube sobre meu amigo?" "Útil? Na verdade, não". "Veja", disse Sócrates, "se o que quer me contar não é nem verdadeiro, nem bom, nem útil, então é melhor guardá-lo para você mesmo."

Transmiti a Achim as seguintes idéias-guias, que ele deveria absorver profundamente antes de dormir.

"Sou alegre, sadio e forte. Consigo tudo. Estou cheio de confiança em mim mesmo. Sou uma personalidade forte e positiva e faço tudo bem e corretamente. A escola me dá prazer e estudar é divertido. Presto atenção e concentro-me em tudo o que faço. Sou grato a meus pais, que fazem tantas coisas para o meu bem-estar; eu os amo. Alegro-me com cada novo dia."

Graças ao bom senso dos pais, convencidos, afinal, a dar maior liberdade interior e exterior ao filho, Achim viveu os meses posteriores como se fossem as mais lindas férias. Recomendei ao pai o meu livro *O subconsciente, fonte de energia*. Ele mostrou ser um *aprendiz* dócil, compreendendo e aplicando logo a idéia básica do *pensamento positivo*. No decorrer de várias conversas, foi possível mostrar-lhe que educar significa ajudar o outro a *ajudar-se a si mesmo* e que as discussões e ordens deveriam ser substituídas pela *experiência do exemplo positivo*.

Quando aprendemos a dar o mesmo valor às opiniões divergentes e as admitimos como equivalentes, começa para nós uma vida que está além das polaridades. É que discutir representa entrar em polaridades. Admitir, no entanto, significa estar além dessa prisão.

Ela se sentia repudiada

Há pouco, os pais trouxeram-me sua filha Ingrid, de onze anos; tratava-se de uma criança-problema. Ambos os pais trabalhavam para poderem manter determinado padrão de vida. Ingrid era nervosa e impaciente. Oscilava entre a imposição insolente e o amuo teimoso. Na escola, tirava notas baixas, mas tinha muitas amiguinhas, pois impressionava por sua malcriação e pela generosidade com que as presenteava com o dinheiro de sua mesada, de que se gabava. Os pais compensavam sua falta de dedicação, dando-lhe polpudas quantias.

É particularmente difícil fazer uma criança compreender por que seus pais só dispõem de uma hora diminuta à noite para dedicar-se a ela; e Ingrid já tinha traços de dureza no rosto e se sentia repudiada e abandonada.

Com sugestões positivas, conseguimos despertar seu interesse pela escola e sua capacidade de estudar e equilibrar um pouco mais o ânimo. Mas a vida não lhe era fácil. A carência afetiva na infância deixa, com freqüência, as crianças-problema incapazes de manter, mais tarde, relações humanas normais e harmoniosas.

Após seu tratamento, durante meses, nos visitou ainda muitas vezes depois das aulas, porque havia se sentido bem conosco. Às vezes repartíamos um pedaço de chocolate e compartilhávamos a alegria da mudança positiva.

Da magia para a vida positiva

Kuno M. era um homem de quarenta anos e queria falar comigo sobre magia, especialmente sobre magia negra. Durante muitos anos estudara as práticas dos feiticeiros da África e dos mares do Sul e passara alguns meses como hóspede de uma tribo congolesa. Após haver participado de um grupo de trabalho na Alemanha, ele começou de repente a ter visões. Por toda parte via caretas que o assustavam e animais selvagens que o atacavam. Às vezes, sentia até o leve toque de entidades invisíveis. Do ponto de vista da psiquiatria clássica, adquirira com essas experiências uma evidente esquizofrenia.

Nos círculos esotéricos ou de ioga, no entanto, os instrutores e mestres diriam que se tratava de símbolos do subconsciente não compreendidos e trazidos voluntariamente à superfície.

Essas ocorrências são familiares em alguns tipos de meditação, assim como em certas disciplinas superiores de ioga. Só que, quando um discípulo alcança tais níveis, já tem também a capacidade de lidar, de modo correto, com a liberação dessas energias. Em caso de necessidade, conta também com a ajuda de um instrutor (guru).

No esoterismo, distinguimos entre magia branca e magia negra. A diferença se evidencia no objetivo. Falando simplesmente, o mago negro busca – quase sempre mediante remuneração – fazer mal a alguém. Uma das muitas possibilidades é, por exemplo, ele modelar um boneco que corresponda simbolicamente à pessoa visada. Com picadas de agulha, ele provoca simbolicamente, no boneco, um sofrimento que transfere, imaginativamente, à pessoa. A magia negra não tem nenhuma consideração pelos sofrimentos e prejuízos, que são diretamente seu objetivo.

Contrariamente, os magos brancos procuram *ajudar*. Tentam criar, através de rituais mágicos, o que julgam que seria bom, e, em seguida, recebem às vezes gratidão por seu trabalho, mas, na maioria das vezes, também uma remuneração.

A magia em si não é má nem boa; só pode ser avaliada pelo objetivo, como quase tudo na vida. Quando, por exemplo, alguém imagina que uma pessoa recupera a saúde, este ato é, em princípio, um processo de magia. Pense na frase bíblica: *"A oração do justo pode muito"*. *(Tg. 5,16)*

Quanto às meditações em que aparecem imagens assustadoras, a primeira regra é não se ocupar com elas, deixar o fenômeno passar, sem lhe dar atenção. Desse modo, essas imagens não poderão fazer mal. Lembre-se de que *tudo tem o poder que você lhe confere*. Unicamente o medo cria a base, o ponto vulnerável ao ataque. Não havendo medo, as imagens continuam sendo o que são, isto é, ilusões. Aquele que infringe tal regra, seja por medo ou pela curiosidade de conhecer eventos raros, deve contar com terríveis tempestades psíquicas. Os demônios que aparecem, representam simbolicamente os próprios impulsos e sentimentos, parcialmente oprimidos, ou as próprias características e pensamentos negativos. Pelas práticas da magia negra ou as drogas alucinógenas é perfeitamente possível que as energias liberadas dos níveis mais profundos do inconsciente vençam o discípulo ou experimentador e nele entrem em luta com sua fonte divina de ser.

Nem sempre, mas com freqüência, essas tentativas de se tornar rapidamente um mago bem-sucedido acabam numa instituição psiquiátrica. "A maioria dos magos é apanhada pelo diabo"; esse é certamente um dito com bom fundamento.

Com suas práticas mágicas, com os treinamentos da imaginação e o uso do encantamento verbal sem uma proteção adequada, Kuno M. se transportava para essa sub-região do subconsciente. Ajudá-lo significava penetrar profundamente em sua psique. Kuno M. teve a sorte de não se tratar ainda de um caso de internação. Nele havia antes de mais nada uma ocorrência interna cuja atividade opressora não era reconhecida nem pelos seus próximos. Só uma fé correta poderia ajudá-lo.

A proteção contra tais energias errantes, também de natureza paranormal, só pode ser dada pela fonte mais profunda do ser humano, que é a nossa fonte de energias cósmicas. Tanto faz que se relacione essa fonte cósmica com Deus, ou que se evite usar esse nome.

No caso de pessoas que gostam de se ocupar com assuntos transcendentais, é possível supor que haja uma fé verdadeira, mesmo que, às vezes, elas se deixem enganar pelo ego.

Kuno M. era dotado de fé. Morava nas proximidades, circunstância que lhe permitiu prolongar o tratamento por um tempo maior. Dei-lhe sugestões que deveriam ajudá-lo a reencontrar seu centro, o centro entre o corpo, a alma e o espírito.

Passou-se um ano até Kuno M. se libertar do inferno que ele próprio havia criado. Ele aprendeu a lidar, de maneira correta, com seu inconsciente. Hoje tem plena consciência de ter se entregado levianamente a práticas mágicas, que bem poderiam ter-lhe tirado o juízo.

Uma carta de agradecimento de 190 páginas

Certo dia, fui procurado por uma amável senhora de trinta e oito anos, um pouco pequena para o seu peso, querendo falar da vida que tivera até então.

A senhora S. sofria, segundo me contou, de falta de iniciativa, de abulia e de uma forte rejeição a si mesma. Lera uma porção de livros que tinham a pretensão de ajudar as pessoas a viver, e também lera muita coisa do campo esotérico, sem que isso a inspirasse. Havia anos sonhava com a possibilidade de tornar-se mais ativa.

Em sua própria família — tinha três filhos —, ela era "o mais perfeito burro de carga", pois todos "montavam" nela.

Fora criada pela avó; não tivera pai e a mãe ficara paralítica por ocasião do parto, o que gerou na senhora S. um enorme sentimento de culpa.

A mãe queria que ela estudasse medicina para tornar-se capaz de ajudar os outros seres humanos. Isso, porém, não resultou em nada, porque, como dizia, era preguiçosa demais.

Pediu-me um tratamento o mais curto possível a fim de sair finalmente do beco sem saída em que se encontrava.

Já nas primeiras sessões de transe, a senhora S. mergulhou em estados muito profundos. Vivenciou novamente o estupro que sofrera aos treze anos, experiência de que se culpava. Reviveu toda a tragédia de sua infância e aprendeu a falar sobre isso pela primeira vez.

Nunca fora capaz de revelar seus sentimentos e a tristeza que sentia com relação a tudo de negativo que lhe ocorrera. Na hipnose, todas as barreiras se romperam. Ela chorou várias horas até que as emoções represadas se aquietassem.

Depois de cerca de quinze sessões de tratamento, Renate teve as primeiras vivências espirituais profundas, que iniciaram nela uma transformação tão grande que nos levou a todos a participar dela com grande alegria.

No encerramento da terapia, ela disse: "Tomei a firme decisão de assentar minha vida imediatamente numa base positiva".

Nos meses seguintes, compareceu a três dos meus seminários, visitas que a ajudaram a mudar, de fato, a sua vida de tal modo que confiou seus negócios a um gerente e vive hoje numa comunidade esotérica de uma ilha espanhola.

Em agradecimento – mas também para nos fazer compartilhar da sua nova felicidade – escreveu-nos a carta mais longa que jamais recebemos de um paciente: cento e noventa páginas!

Renate S., receba de todos nós um sentido agradecimento por tudo o que nos tem dado!

O que ocorreu, neste caso, não foi, na verdade, nenhum milagre. Renate S. não tivera até então oportunidade de desabafar e de mostrar seus verdadeiros sentimentos. Desde a infância, carregava em seu íntimo o mais destrutivo veneno conhecido da medicina psicossomática: os sentimentos de culpa. E quando eles têm a intensidade que tiveram nesse caso, podem destruir o ser humano que não encontre uma saída.

Aqui o terapeuta tem o dever de encontrar a chave certa para abrir as bem-fechadas câmaras secretas dos sentimentos. Tudo o mais vem depois por si mesmo. O que aconteceu foi única e exclusivamente uma reação da senhora S. à sua infância.

Seja o que for que aconteça a um ser humano, este pode tirar disso um conhecimento que lhe será útil, no caso de *aceitar* o que lhe aconteceu. Brigar com o passado, recalcá-lo para o âmago das profundezas do inconsciente, acarreta as reações aqui descritas.

Tome ao pé da letra o seguinte: *o que reprimo adquire domínio sobre mim*. Não reprima aquilo de que você não gosta na sua vida.

É verdade que é fácil de dizer, mas é possível também agir de acordo. Trabalhe com o problema que o preocupa para poder eliminá-lo, para libertá-lo com amor. O homem que não faz isso, tem, em sentido figurado, pesadas mós nos braços, nas pernas e no pescoço, que ameaçam fazê-lo retroceder no caminho da vida.

Renate S. livrou-se disso; você também conseguirá!

Uma nova fluência verbal

Um casal me trouxe seu filho, Erich, que sofria de uma deficiência psíquica: a gagueira.

No exemplo clássico, trata-se quase sempre da figura superdominadora do pai, que, em determinadas circunstâncias, leva o filho a gaguejar.

Mas, no caso de Erich, parecia tratar-se de um condicionamento materno, particularmente forte, que provocava aquela perturbação da fala.

Os modos impacientes da mãe explicavam tudo. Ela aparteava literalmente cada palavra dos interlocutores, quando sabia dizer algo a respeito; e ela sempre sabia algo.

Mais tarde Erich confessou-me que nunca, em sua vida, a mãe prestara atenção no que ele dizia. Isso começara já antes da sua idade escolar e, com dezesseis anos, ele não conseguia sequer articular uma frase de maneira fluente. Lembrava-se ainda muito bem dos primeiros anos de escola, em que os alunos muitas vezes tinham que se levantar de um salto para mostrar ao professor quem sabia primeiro a resposta. Erich quase nunca estava entre eles. Se conseguisse levantar-se depressa, na verdade, com certeza outro aluno o vencia, porque suas palavras ficavam presas na garganta. Era inteligente, tinha sede de conhecimentos e fazia admiráveis redações. Só quando precisava expressar algo rapidamente e de modo preciso é que sua fala saía com paradas bruscas. Essas paradas da elocução às vezes são provocadas externamente por um choque ou pelo estresse, quando uma pessoa pensa mais depressa do que é capaz de falar.

Evidentemente, no caso de Erich, a mãe, com seus modos impetuosos, era a responsável pela deficiência. Nesses casos, quanto maior o tempo transcorrido desde o início da gagueira, tanto mais difícil é a intervenção terapêutica. Um movimento falho repetido durante um largo período de tempo produz um sulco quase perfeito para aquilo que se transforma num movimento automático e um reflexo profundamente arraigado.

No curso da terapia, levamos Erich primeiro a uma atitude de tranqüilidade de espírito, na qual podia encontrar uma paz interior em harmonia com seu corpo, sem perturbações nem a pressão do tempo. Após algum tempo, acrescentamos às sugestões uma imagem mental em que Erich, em profunda hipnose, deveria imaginar-se da maneira mais realista possível, de pé diante da classe fazendo uma palestra. Ao lado dele, via o professor, satisfeito com seu resumo preciso do tema. Ele se via falando e, ao mesmo tempo, *sabia*: "Estou inteiramente seguro e falo claramente como um locutor de noticiário".

Erich fez conosco cinqüenta sessões duplas de terapia. Depois disso, a imaginação tinha se tornado realidade. Erich não gaguejava mais na presença dos pais ou professores.

Nem sempre, em tempo relativamente tão curto, o tratamento da perturbação da fala é bem-sucedido. Muitos pais evitam o gasto necessário de tempo e de dinheiro. Para essa espécie de problema, que resiste por vezes a outros tipos de tratamento, realmente não deveria ter importância as seis ou oito semanas necessárias de tratamento, se disso depende tanta coisa para um ser humano. Os pais de Erich foram bastante compreensivos ao ajudarem a corrigir uma falha que eles mesmos tinham provocado.

Numa das suas conferências, o Dr. Murphy disse:

"O medo é a reação a uma imagem mental errada.
O medo é o contrário, o oposto de Deus.
O medo é o resultado da ignorância.
O medo é a confiança em algo errado.
O medo é a confiança no mal em vez de em Deus.
O medo é uma sombra no seu íntimo.
O medo é o acúmulo de sombras escuras.
O medo é o seu pensamento mais profundo; pois não existe um princípio do medo."

O medo do homem é a evidência de que ele perdeu a fé em Deus. O medo atrofia o consciente; ele é a fonte do inconsciente. Por isso, ninguém pode alcançar a plena consciência sem superar o medo.

Por trás de cada paralisia esconde-se o medo

Uma moça de vinte e um anos veio em busca de ajuda para o seu problema. Desde os treze anos, duas ou três vezes por mês, seu braço e sua perna esquerdos entravam em convulsão e ficavam sujeitos a movimentos incontroláveis. Até então, todos os tratamentos da medicina acadêmica assim como as prolongadas sessões de psicoterapia não tinham dado nenhum resultado.

Logo depois de duas ou três horas de terapia, conseguimos fazê-la regredir a fim de buscar no seu passado as origens do inusitado comportamento. Depois de alguma pesquisa, determinou-se como causa provável o seguinte acontecimento: aos treze anos, Petra P. estava, com seus pais, visitando uma família de parentes em Berlim. O filho da casa, um rapaz de quatorze anos, apaixonou-se por ela e à noite tentou acariciá-la e seduzi-la. Petra, no entanto, tendo sido educada severamente e sem ter sido orientada sexualmente pela mãe, sentiu essa aproximação como algo horrível e ameaçador. Tinha tanto medo de uma relação sexual que se retraiu totalmente. Temendo ser descoberta, não ousou gritar, de modo que o medo e o sofrimento penetraram fundos em sua jovem alma. O medo foi tão grande que ela até desmaiou por um lapso de tempo. Durante o tratamento, Petra reviveu várias vezes o evento traumático, por vezes também da perspectiva do jovem e outras a partir da perspectiva de um observador neutro.

Através da hipnoterapia moderna, é fácil levar um paciente a viver determinada ocorrência de uma perspectiva exterior. Isso tem a vantagem de mostrar um ou vários pontos de vista diferentes relativos ao mesmo fato. Desse modo, não foi difícil fazer com que Petra contemplasse todo o ocorrido de diversas perspectivas a fim de classificá-lo de uma nova maneira.

Em seguida, ela aprendeu a considerar o evento a partir de sua idade atual e obteve finalmente uma visão objetiva do acontecimento. Petra compreendeu de imediato que a relação com o outro sexo não tem, em princípio, nada que deva ser temido ou algum mal, mas que pode até ser uma porta maravilhosa para esferas psíquicas mais profundas. Chegou mesmo a dizer certa vez: "Que pena! Na verdade, Peter era muito simpático e tinha também boa aparência." Estava rompido o gelo. No final da terapia, o que ocorrera oito anos antes nada mais era que um fato por ela classificado de maneira errônea. Algo "desconhecido" – sua própria sexualidade, que, na ocasião, ainda não conhecia – tivera sobre ela o poder que ela própria lhe dera com seu medo. E tal poder conferiu ao medo a força para produzir as convulsões e até mesmo as paralisias passageiras.

A energia que você investe

Um dos meus conhecidos meteu na cabeça a idéia de galgar, o mais rápido possível, dois degraus de sua carreira para obter o cargo de gerente de uma filial. Trabalhou energicamente tencionando ocupar, em pouco tempo, o escritório do chefe. A ambição sadia merece todo o respeito, mas ele não deu importância ao fato de o destino lhe ter feito, já por duas vezes, a oferta de assumir o comando de uma outra filial da firma. Queria permanecer na mesma casa; era obstinado como um jumento e concentrara todo seu esforço em ocupar aquela cadeira.

Já havia muito tempo que seu Eu superior o orientara no sentido do seu próprio bem; ele não dera, no entanto, atenção à voz interior. Só depois de vários sonhos, nos quais estava sempre se mudando a fim de progredir, começou a prestar atenção. Sua atitude unilateralmente fixa o fizera perder muito tempo!

Os sucessos não obtidos são, em sua maioria, resultado do fato de não se ter feito o que se devia fazer na ocasião adequada.

Um aluno de quinze anos que veio me procurar encontrou uma boa solução para o seu problema. O ano letivo estava na metade e sua possibilidade de passar de ano era duvidosa. Após o treino de relaxamento e o tratamento para reerguer sua autoconfiança, sua capacidade de estudar começou a aumentar consideravelmente. Reencontrou o prazer pelo estudo e recebeu para o seu sugestionamento diário a seguinte fórmula:

"Dentro de mim há harmonia e energia. Cada manhã alegro-me com o fato de ir à escola. Tenho facilidade de aprender e de lembrar tudo. Estou acordado e atento. Dentro de mim há um gênio. Sou o milagre da vida. Sou um extraordinário sucesso".

Em seguida, teve de imaginar plasticamente a distribuição dos boletins e ver e ouvir como seu professor lhe dava parabéns por ter-se recuperado tão rapidamente nas matérias.

A imaginação plástica do objetivo *alcançado* é a melhor maneira de informar o inconsciente dos desejos. Crie logo uma imagem plástica do seu desejo; assim o subconsciente não precisará mais de intérprete, você estará em contato direto com ele. Ele investirá suas energias — assim como aconteceu com esse aluno — e criará as bases para a transformação dessa imagem em realidade.

Observe outras pessoas bem-sucedidas, que parecem conseguir tudo com facilidade. Você também possui esse dom. Aprenda a dirigir as aptidões ainda inconscientes e a considerar qualquer objetivo como algo que pode ser alcançado naturalmente. O homem bem-sucedido é como uma bola de borracha: quanto mais fundo ela é mergulhada na água, mais alto salta depois para fora. Os próprios problemas, insuperáveis na aparência, criam as condições que tornam o sucesso possível.

A imaginação plástica leva ao sucesso

Certa vez, um jovem e simpático comerciante descreveu-me, com cores ardentes, seu ídolo: um colega que era chamado para qualquer conferência e a quem, em todas as situações difíceis, eram solicitados conselhos. Ele apaziguava a maior contenda com poucas palavras e nunca fora visto tenso ou nervoso.

Este homem atuava em harmonia e comunhão consigo mesmo. Cada um pode ser como ele. Para isso, é preciso ter presente sua imagem mental.

Tenha idéias claras e positivas a respeito do seu sucesso profissional, da sua futura formação cultural e da sua vida em geral, no meio ambiente. Tire essa sabedoria de dentro de você mesmo e saberá que todo o seu sucesso exterior dependerá do seu desenvolvimento como homem, e até correrá paralelamente com ele. Quando tiver descoberto suas energias psíquicas, você atuará em união com Deus e sua dedicação às coisas exteriores não será mais uma luta, mas um solidário estar de mãos dadas.

Acontece o que Florence Shinn disse: "A vida não é uma luta, mas um jogo".

Se você procura um termômetro para medir o sucesso desse trabalho sobre si mesmo, observe sua família, seus amigos e conhecidos. Não se passarão duas semanas e eles estarão perguntando admirados: "Que é que há com você? Está sempre tão diferente, calmo e equilibrado!" Alegre-se quando surgirem essas perguntas; elas mostram que o trabalho sobre você mesmo está frutificando. Você sabe muito bem: *"Pelos frutos os conhecereis".* Deus sempre é bem-sucedido. Torne-se parceiro dele. *Seja parceiro de Deus.*

Você, que está lendo este livro, eu que o escrevi, todos os seres humanos à nossa volta, estamos unidos pelo mesmo objetivo. Estamos todos no caminho do conhecimento e da auto-realização.

Somos todos partes de um Todo gigantesco, cujo corpo é a natureza e cuja alma é Deus.

Neste instante, ao escrever estas linhas, sinto-me ligado muito intimamente a você, pois nós somos um. Como diz a Bíblia: *Somos a unidade no fenômeno da multiplicidade.*

Uma das minhas pacientes que chegou, após três semanas de tratamento, à autoconsciência e adquiriu co-

124

ragem para viver, dizia: "Com meu intelecto quase consigo entender como minha vida pôde mudar tanto apenas seguindo a orientação de amar a harmonia." Aconselhei-a a nem tentar *pensar* nisso, porque seu intelecto já a tinha impedido durante bastante tempo de ter saúde e sucesso. Pelo intelecto, muita coisa é pulverizada e desfalcada.

Viva o momento presente com atitude positiva, assim seus problemas passam a ser meros fatos com os quais você poderá ajudar os outros a se livrarem dos deles.

O intelecto é como poeira que cobre seu verdadeiro ser, a estrutura sensível da sua alma.

Foi o espírito que criou o corpo

O crescimento de um homem, animal ou planta, é comparável – no nível espiritual e material – a um processo progressivo de materialização.

Imagine que a causa da sua figura, do seu caráter e da sua aparência é o resultado de uma relação entre os mundos paralelos do "universo físico e do universo metafísico". No universo metafísico, isto é, naquele que faz parte das dimensões espirituais, sua figura, sua aparência e seu relacionamento com as pessoas – a relação com seus pais, por exemplo – existem espiritualmente. Do amor que você tem pelos seus pais, que é uma energia chamada pela psicologia de "identificação", nasce algo como uma forma espiritual que você preenche materialmente aos poucos e à qual corresponde materialmente.

Seus pensamentos são a energia que tem correspondência na dimensão material. Ao pensar em amor, você vive uma mudança correspondente ao que nós, os seres humanos, sentimos simbolicamente como amor.

Seus pensamentos criam, no mundo espiritual, a forma que depois aceitamos e preenchemos no mundo material. Correspondendo à sua natureza, os pensamentos fazem de nós o que lhes corresponde. Pensamentos de doença e pobreza têm o poder de nos tornar doentes e pobres.

Como já foi dito em outro capítulo, *os pobres ficam cada vez mais pobres e os ricos cada vez mais ricos*, porque existem os pensamentos correspondentes. Isto é tão simples que você pode explicá-lo a uma criança de oito anos. Por que então deveria ter dificuldades com isso? Ninguém é predeterminado por sua herança. Os defensores da teoria genética dizem que as características do homem já estão prefixadas por seu legado hereditário. Afirma-se que as "memórias" se armazenam no código genético e que há neste uma unidade de armazenamento de ordem material para as experiências vividas através de milhões de anos. De acordo com essa teoria, cada homem estaria definitivamente predeterminado pela hereditariedade e não teria praticamente nenhuma possibilidade de desenvolvimento.

Tal teoria é, no entanto, uma visão puramente materialista do mundo e esta – graças a Deus – vem sendo cada vez mais criticada nos últimos anos. Os cientistas começam aos poucos a discutir mais abertamente a possibilidade de um mundo transcendental.

As provas de que a sensação, o pensamento, a audição, o paladar e a consciência têm condições de existir independentemente do corpo, não podem mais ser refutadas como absurdas, como acontecia há algumas décadas. Pesquisadores da morte, como Elisabeth Kübler-Ross, para citar apenas um, trouxeram fatos e razões suficientes para a teoria da continuidade da vida depois da morte física.

Por trás de tudo o que existe há um modelo invisível

Qualquer pessoa que se ocupe seriamente com este tema, reconhecerá muito rapidamente que a sobrevivência espiritual sem corpo não é um desejo imaginário, mas uma realidade comprovada. Já é mais do que chegada a hora de considerarmos a matéria e o espírito como uma unidade. O intelectual que, com sua atitude fechada ao transcendental, nega tudo o que não seja comprovável, comporta-se mais ou menos como o pescador cuja rede de largas malhas só conseguia pescar peixes grandes. Quando lhe recomendaram que usasse uma rede de malhas mais finas para pegar também os peixes pequenos, respondeu: "Minha rede sempre foi boa e nunca vi um peixe pequeno; assim, uma coisa dessas não existe e por isso não tenho necessidade de ter uma rede de malhas menores."

O fator que decide tudo é sua atitude diante da vida. Tomando para exemplo o rádio, percebe-se nele claramente que a sintonização corresponde ao que se recebe. Assim, cada pessoa tem determinada sintonização que lhe permite depois viver o que lhe corresponde. Se você sintonizar seu aparelho – ou seu interior – num programa comunista, receberá o que corresponde a esta sintonização. Se preferir ouvir a Rádio do Vaticano, sua sintonização será idêntica ao que receberá.

O Dr. Rupert Sheldrake

Nos últimos anos, fala-se cada vez mais no psicólogo Dr. Rupert Sheldrake devido à sua excepcional teoria. Afirma ele que um chamado "campo morfogenético" – que não tem existência material – liga todas as coisas no cosmo, no sentido horizontal e vertical. A experiência que você viver amanhã, por exemplo, se comunicará por meio desse campo morfogenético a todos os outros seres humanos ou estará à disposição deles. Talvez a natureza do campo morfogenético seja mais compreensível por meio do seguinte exemplo: imagine que você está numa metrópole desconhecida e que deseja ir a um restaurante vietnamita. Minha sugestão: tome um táxi e pergunte ao motorista se ele conhece um restaurante desse tipo. Em caso afirmativo, ele o levará até lá; caso contrário, provavelmente perguntará pelo rádio a seus colegas e um dos muitos outros motoristas lhe transmitirá pela mesma via a informação necessária. O motorista do táxi tem agora o endereço e o levará até lá pelo caminho mais curto.

De modo semelhante, é preciso imaginar a função do campo morfogenético. Você mesmo (o motorista de táxi) não tinha a informação necessária (o endereço do restaurante); como, no entanto, essa informação existe, forçosamente ela é conhecida e a questão é apenas como entrar em contato com ela. No exemplo do táxi, foi o rádio que levou os cérebros de uma centena de motoristas a pensar e a transmitir o resultado. Em relação ao campo morfogenético, você possui uma onda própria de rádio, a saber, sua *intuição*. Por meio da intuição, o armazém (= campo morfogenético ou inconsciente coletivo) responde à sua pergunta.

Se seu contato com esse armazém é bom ou mau, isso depende do *desenvolvimento* da sua intuição. Ter ou não intuição não ocorre por acaso; é, como acabamos de dizer, questão de desenvolvimento dessa faculdade. Se você é bem-sucedido em suas meditações, isso se relacionará automaticamente com a capacidade de reconhecimento intuitivo.

Considera-se, por exemplo, cientificamente provado que, nas pesquisas realizadas com ratos colocados num labirinto, as experiências destes se transmitem também a todos os outros ratos que não participaram delas. Se, então, mil ratos aprenderam a encontrar o caminho no labirinto, essa "experiência" estará disponível a todos os outros.

Quanto a esse tema, o Dr. Sheldrake fez recentemente a seguinte experiência: alguns milhares de pessoas tiveram de procurar rostos escondidos em imagens que pareciam representações de arte abstrata, ou rabiscos ocasionais. Essa experiência compreendia três etapas:

Inicialmente, ele fez pesquisas preliminares, em vários países, sobre o tempo médio de que as pessoas precisavam para identificar dois dos rostos ocultos.

Na segunda etapa, mostrou, através da televisão inglesa, as mesmas imagens a aproximadamente dois milhões de pessoas e explicou-lhes como os rostos podiam ser encontrados.

Na terceira etapa da experiência, tornou a mostrar as mesmas imagens, mas dessa vez às pessoas fora da Inglaterra e que não podiam ter assistido ao aludido programa de televisão inglesa.

Seu objetivo era constatar o tempo que os pacientes-cobaias levariam *agora* para reconhecer os rostos ocultos. Segundo a filosofia materialista, a solução mostrada na televisão inglesa não teria qualquer influência sobre as pessoas de fora da Inglaterra. Mas o que aconteceu de fato? A teoria dos campos morfogenéticos afirma que agora as pessoas deviam ser capazes de encontrar a solução mais rapidamente do que antes. E, na verdade, o resultado aumentou em setenta e seis por cento. Setenta e seis por cento mais pessoas foram capazes de encontrar os rostos ocultos.

Tal resultado é para mim uma comprovação maravilhosa da afirmação metafísica de que tudo está ligado entre si e representa uma unidade por condição.

O sofrimento de que padeço transmite-se a todos. A alegria também. Logicamente, o sofrimento que causo ao outro me prejudicará em igual medida. É a primeira vez, na história da humanidade, que temos uma teoria científica que demonstra termos entre nós uma inter-relação perfeita, que afirma que nada acontece a alguém que não tenha simultaneamente um significado também para todos os outros.

Bhagwan dizia que, quando um por cento da população de uma cidade medita, a porcentagem da criminalidade desta certamente diminui. A teoria do Dr. Sheldrake deu, pela primeira vez, uma base científica a essa afirmação.

Burkhard Heim

A física moderna, tal como é apresentada pelo conhecido físico alemão Burkhard Heim, não parte, como é de hábito, de um universo quadridimensional (comprimento, largura, altura e tempo), mas de uma imagem hexadimensional do mundo.

Em nossa costumeira imagem quadridimensional, não cabem os fenômenos paranormais, como a telepatia, a clarividência, a vida após a morte ou a existência autônoma do corpo, que abrange o sentimento, a ação e a vida consciente. É que, como diz Burkhard Heim, para poder explicá-los, precisamos de mais dimensões. Em suas duas dimensões adicionais (deve-se entendê-las como sendo do tipo "temporal"), há a possibilidade de explicar ocorrências situadas além da nossa imagem atual do mundo.

Assim, uma das suas hipóteses – que apresenta certa dificuldade ao principiante – é de que os pensamentos têm uma existência totalmente independente do nosso corpo. São potências energéticas ou, falando mais simplesmente, energias criadoras que chegam até nós através da "sintonização" e que recebemos de modo correspondente à nossa sintonização com os campos morfogenéticos descritos anteriormente.

Em conseqüência, não somos nós que pensamos, mas somos receptores do que já está pensado. Talvez você se lembre do provérbio: "A resposta já existe antes de a pergunta ser formulada". A tese de que o nosso cérebro só pensa um pouco, mas capta muito, já é reconhecida, há muito tempo, nos círculos esotéricos. Na evolução progressiva do homem, esse processo se modificará no sentido da capacidade de "pensar por si mesmo". O homem mantém, através do comutador cerebral, uma constante ligação com o que C. G. Jung descreve como "inconsciente coletivo" da humanidade, que se pode imaginar como uma unidade armazenada no computador e com a qual você está constantemente em comunicação de maneira totalmente independente de seu consciente. Toda a experiência da humanidade, desde seus primórdios até hoje, pode ser extraída, agora mesmo, desse armazém. Com seus conhecimentos e experiências você introduz continuamente algo novo no inconsciente coletivo e ao mesmo tempo participa do que outros obtiveram, e também das experiências que venham a ser feitas.

A pessoa que tem, pela primeira vez, uma idéia (invenção) através do pensamento criativo passa essa informação, de maneira totalmente automática e inconsciente, ao armazém coletivo. Teoricamente, cada pessoa, se for bastante sensível, poderá receber, neste momento, esta nova idéia por meio da intuição e realizá-la. Isso explica o fato de as invenções serem feitas quase sempre ao mesmo tempo em diversos lugares. Considerado de forma superficial, isso é atribuído ao chamado "espírito do tempo". Mas o que é o "espírito do tempo"? Não pode ser mais do que a vaga descrição filosófica de um fato que não é bem entendido. Tudo que foi ou é pensado uma vez passa a existir realmente e pode ser evocado. Isso explica o que diz a Bíblia: *Todas as respostas já estão dadas antes que a pergunta seja feita*. Em algum lugar, no interior de nós, há um espaço "ensolarado" onde tudo é eternamente conhecido.

O inconsciente coletivo é uma experiência *não-material* e situa-se além do espaço e do tempo.

Esta frase "além do espaço e do tempo" soa sempre como uma coisa bela. No entanto, é bastante difícil entender o que significa "além do espaço" – outro espaço, mas *não-espacial*, isto é, que não possui dimensões espaciais. É difícil de entender, porque quase tudo em nosso mundo é espacial, isto é, mensurável. Igualmente difícil para nós é a noção de "além do tempo", porque acreditamos que tudo morre, isto é, vive a limitação do tempo.

O inconsciente coletivo, ou os campos morfogenéticos – ambas as teorias se assemelham em seus traços fundamentais – são um fenômeno superior, não influenciado pelos fatores tempo e espaço. É evidente ser necessário algum esforço espiritual para adquirir clareza em relação à natureza do não-espacial e do não-temporal. Quanto mais cedo nos propusermos a fazer isso, tanto melhor, porque nós mesmos estamos igualmente além de dimensões espaciais e temporais.

Esclarecendo melhor, somos uma simbiose de espaço (corpo) e tempo (da vida corporal) com o *não-limitado*.

O problema principal da maioria dos homens resulta do fato de não entenderem a si mesmos e aos outros, porque dessa união do finito com o infinito se origina uma contradição, quando encaramos esse evento a partir da perspectiva unilateral da limitação temporal. Jamais será possível medir o ilimitado com a medida do limitado.

Querer entender a si mesmo, ou melhor, "experimentar a si mesmo" requer, como condição, a necessidade de, cedo ou tarde, mergulhar no infinito dentro de si. Este "mergulho no infinito" tem, figuradamente, o mesmo sentido de "superação do tempo", o que não se identifica com a morte física.

O caminho que leva a isso e que é o mais citado por todos os sábios é o aprofundamento na meditação. A meditação é o abandono do nível espacial-temporal e o mergulho na eternidade. E é justamente isso, ao mesmo tempo, que constitui um problema para a maioria, porque o chamado "homem normal" tem medo do desconhecido.

Para não ter de se expor a esse risco, ele prefere dizer que a meditação é um absurdo. Você não deve hesitar mais: *a meditação é uma porta para o conhecimento de sua própria natureza.*

Nos congressos de Parapsicologia, realizados em Basel, tive oportunidade de conhecer pessoalmente o físico alemão Burkhard Heim, já citado, famoso em todo o mundo. Numa conversa após sua conferência, pedi a ele que me explicasse a causa de sua capacidade espiritual tão extraordinária. Pedi-lhe que me descrevesse a razão de ser tão diferente dos chamados "homens normais".

"Em essência", disse o Dr. Heim, "sou um homem inteiramente normal, mas há muitos anos uma explosão mudou profundamente minha vida. Tive as duas mãos arrancadas, perdi a visão e minha audição desde então é extremamente precária. Devido a esses danos físicos, não pude mais explorar e descrever o mundo com meus sentidos exteriores: tato, audição e visão. Só me restavam, na verdade, o suicídio ou a dedicação ao meu espaço interior. Pelos meus estudos de física, tinha possibilidades bastante boas para isso.

"Comecei então por aqueles escolhos espirituais da física, que não podemos explicar com nossa atual visão quadridimensional do mundo. Há tanta coisa no mundo da alma e do consciente e no cosmo inteiro que, na verdade, exige novas perspectivas!"

A física atual não está em condições de explicar fatos parapsicológicos. Por isso, no ensino escolar, não devem existir os fenômenos extra-sensoriais, porque não há nenhuma possibilidade de explicá-los racional e intelectualmente. Como, no entanto, os casos de fenômenos parapsíquicos não diminuíram, quer por serem ignorados, quer por não se falar deles, só me restou deduzir sua causa com base neles mesmos e estabelecer uma hipótese para sua existência. "Na física nuclear moderna", dizia Burkhard Heim, "há inúmeras provas da insuficiência da hipótese da visão quadridimensional do mundo." O físico J. Charon diz, por exemplo: "Quando, no centro de pesquisa nuclear de Genebra, dez cientistas realizam a mesma experiência destinada a tocar os limites do conhecimento atual, cada um deles obtém um resultado diferente. Estamos hoje prestes a reconhecer que a atitude espiritual do cientista é o fato que decide o desfecho da experiência, isto é, os processos físico-nucleares sofrem a influência da consciência do homem, o que até agora era considerado cientificamente impossível: Isso não pode ser! Isso não deve ser! No entanto, é".

Presenciei pessoalmente como, num dos meus seminários, oitenta por cento dos participantes dobravam colheres como se fossem feitas de massa de modelagem; cientificamente trata-se de uma impossibilidade, apenas porque esses processos não podem ser explicados. Uma participante, jornalista profissional, escreveu a respeito um longo artigo e ofereceu-o a uma revista. Nunca foi publicado. Comentário do redator: "Não podemos imaginar que nossos leitores aceitem um absurdo desses".

Mas, voltemos a Burkhard Heim. O acidente que sofreu, havia cortado sua comunicação com o exterior. Sem se importar com isso e cheio do desejo de fazer algo, começou a construir o edifício espiritual de um universo hexadimensional.

Levou anos até esse modelo resistir também às ponderações críticas. Hoje o trabalho de Burkhard Heim é considerado sensacional nos círculos especializados. A meu ver, ele merece o prêmio Nobel pelo que fez!

O desejo que o homem tem de fazer algo extraordinário, acompanhado de circunstâncias favoráveis, é, via de regra, suficiente para que ele chegue a resultados fora do comum. Considerando o acidente de Burkhard Heim, só podemos dizer que se trata de uma coisa trágica e horrível. No entanto, tudo em nossa vida tem duas faces. Por mais terrível que tenha sido o acidente, a pressão de seu sofrimento contribuiu no sentido de tornar possível esse fenomenal trabalho do espírito.

"Problemas são presentes que fazemos a nós mesmos, porque a superação deles encerra um conhecimento"; esta é uma afirmação que, a meu ver, pode ser aplicada a todos os tipos de acidentes e situações problemáticas. Seja o que for que lhe aconteça, estimado leitor, procure o lado construtivo da tragédia; ele existe.

Quando meu instrutor, Dr. Murphy, dizia que, entre dezenas de milhares de homens, há um só que pensa realmente por si mesmo, essa declaração se refere aos tempos atuais. Estamos no umbral da era de Aquário, na qual o homem começa a descobrir sua originalidade e sua capacidade de pensar de forma criativa. O que até agora você chamou de "pensamento" é, no fundo, apenas um aglomerado de coisas captadas em correspondência com sua "sintonização" (atitude). Correspondendo à sua programação desde a infância, você recebeu a "sintonização" que o faz receber exatamente o que tem. O que você pensa corresponde à sua sintonização e é o que posteriormente se manifestará em sua vida. Você pode mudar tudo aquilo de que não gosta apenas alterando a sintonia.

Quando entender essas relações básicas, você será *aquele* que, entre dez mil, realmente *pensa*, aquele que pensa por si mesmo e de forma criativa!

Despeça-se, a partir de hoje, de sua sintonização, não forme mais uma opinião a partir de comentários dos jornais ou da televisão, ou do que se "diz" por aí. Não chame mais de "raciocínio" o que adquirir através desses relatos. Você é um artefato individual de Deus, um original que não necessita de modelos antiquados.

O conhecimento resultante da leitura desse capítulo poderá ser, de início, um tanto incômodo, mas, se continuar a leitura, você poderá chegar à liberdade espiritual absoluta, à liberdade de se desdobrar da forma que imagina em seus mais belos sonhos.

Quanto à sua programação, terá de começar a pensar por você mesmo e decidir em que ponto vai iniciar.

Quanto mais cedo melhor, porque destacar-se da massa anônima e ser único entre dez mil é um passo gigantesco.

Da minha parte, tomei a decisão de buscar, sempre que possível, os espiritualmente despertos, porque em sua proximidade há uma "atmosfera" que favorece a evolução. Assim como os membros de um clube se reconhecem pelo distintivo, do mesmo modo você reconhecerá os outros "originais" pelo que os distingue dos demais: o "pensamento criativo"!

Em sua vida, esta nova qualidade começará a levantar cortinas de modo semelhante ao do físico que se encontra no limiar que leva do universo quadridimensional ao hexadimensional. O mundo começará a se tornar transparente. Você entra numa nova dimensão.

Nos próximos dias, medite sobre o que foi dito neste capítulo. Meditar leva ao reconhecimento intuitivo de relações complexas. Meditar significa livrar a intuição da poeira dos doutos.

No ano passado, ajudei um matemático e estudante de física a passar sem desgaste e sem estresse pelo seu exame e a reafirmar sua personalidade. Se eu lhe tivesse dito antes, que o nosso tratamento se processaria de modo parecido com o dos curandeiros vudus das matas africanas, por certo ele teria fugido, o mais rápido possível.

Para acalmar seus nervos, recebeu primeiro uma introdução ao treinamento autógeno. Poucas horas depois, conseguiu realizar o passo seguinte, imaginando como seus professores o parabenizavam pelo bom exame que fizera. Todos os dias revivia, cheio de alegria, essa cena, tendo, no fundo, o sentimento vitorioso de ter sido questionado em todas as matérias para as quais se havia preparado especialmente bem. Depois do tratamento, sua fé tornou-se firme como uma rocha. Não só acreditava nela como *conhecia* suas aptidões e isso é decisivo na vida.

Ela queria cem mil marcos

No meu último seminário, Hannelore B., de Hamburgo, relatou aos demais participantes um exemplo particularmente belo do poder criativo do subconsciente.

Ela contou: "Quando, há um ano atrás, li o livro *O subconsciente, fonte de energia*, de Erhard F. Freitag, fiquei fascinada com a perspectiva que ele me abria. Tudo me parecia inverossímil, mas, por outro lado, tão confiável e exeqüível! Tomei a resolução de pôr à prova a teoria de E. F. Freitag. Queria conseguir, através da imaginação, cem mil marcos dentro de três meses. Caso não conseguisse escreveria ao Dr. Freitag para queixar-me do engano. No final de seis semanas, ocorreu o seguinte: já fazia algum tempo que estava querendo vender um apartamento, mas hesitava, porque todas as ofertas eram baixas demais. Cheguei ao ponto de estar quase decidida a aceitar a última, quando recebi o telefonema de um cliente que queria o apartamento a todo custo e se prontificava a pagar cem mil marcos a mais que a derradeira oferta. Que tudo isso seja produto de um acaso, já não posso mais acreditar. Desde então sou fã entusiástica do pensamento positivo".

Antes de mais nada, é natural que a magnitude de cem mil marcos guarde certa proporção com o total dos bens da senhora B. Aquele que não tem um tostão dificilmente poderá esperar obter tanta riqueza dentro de poucas semanas. Tudo é relativo e o intelecto sempre estabelece novamente limites com este "relativo". Seu crescimento e progresso no caminho da auto-realização será tão rápido ou tão lento como você imaginar. Elisabeth Haich diz: "Deve-se acreditar no que ainda não existe para que ele venha a existir."

Você deve reconhecer que a idéia de um objetivo já é o próprio objetivo. Tudo que você vê à sua volta nasceu do espírito e é por isso, a materialização de um pensamento nascido do espírito. Decida aqui e agora o que deve ser materializado ao seu redor e sua central energética subconsciente começará a realizá-lo. A realidade verdadeira por trás de cada forma é um pensamento. Tudo que se formou e se desenvolveu foi, no início, apenas uma idéia, isto é, o pronunciamento espiritual de uma forma. Formar algo significa criar (= haurir). Seja, então, a partir de hoje, o criador de seu próprio mundo. *A matéria é espírito ou energia levada até o ponto da visibilidade.* Ao conceber a idéia deste livro, já estava dado o primeiro passo decisivo de sua realização. Conhecendo a riqueza espiritual que existia dentro de mim e dispondo de uma editora dinâmica e bem-sucedida, tratava-se de mera questão de tempo, isto é, a transcrição do livro do meu espírito para o nível material dependia da rapidez da minha mão direita. Com a idéia e a imaginação que cada um de nós possui, você dá início à realidade que modifica tudo. Procure ser fiel à idéia que nasceu dentro de você até que a mesma se realize. A toda hora, você tem a possibilidade de ir ao ilimitado supermercado que há dentro de você e buscar ali o que deseja, seja lá o que for. Decida agora que é capaz de fazê-lo quando desejar.

O caminho das imagens mentais ativas

Está na Bíblia:

Se podes! Tudo é possível ao que crê.

(Mc. 9, 23)

Siga também pelo caminho da imaginação ativa. Numa hora calma do dia, sente-se num canto sossegado e entregue-se aos seus sonhos. Siga as pegadas da sua saudade e da impressão mental e do seu maior desejo íntimo. Dessa imagem que, em pouco tempo, estará diante de você, surgirá seu futuro. Ter uma imagem clara no espírito é o primeiro passo na direção do objetivo. O que imaginar regularmente diante da visão interior dentro em pouco você viverá na realidade. Fortaleça o sentimento de que seu subconsciente orienta toda a infinita

138

inteligência que você possui para a realização de seu desejo. Apóie seus esforços na palavra bíblica:

Mas o Senhor assistiu-me e revestiu-me de forças.

(Tim. 4,17)

Programado para o fracasso

O terapeuta Rainer Michel, de Penzburg, mandou-me um cliente, achando que ele estaria melhor em minhas mãos.

Diante de mim estava sentado um homem moço que, com trinta e cinco anos, não concluíra ainda nenhuma formação profissional. Após terminar o científico, tinha estudado um pouco; em seguida, com a irmã, dedicou-se a instalar um bar. De passagem, aprendeu a tocar guitarra e, durante algum tempo, trabalhou como servente de depósito de um parente, depois, freqüentou um curso de taquigrafia. Nunca, porém, levou nada até o fim. Anos preciosos tinham-se passado. Bastava ele aceitar um trabalho qualquer que lhe agradasse no momento, e tudo estava programado para o fracasso.

A terceira frase que dizia era sempre mais ou menos assim: "Sei muito bem que jamais vou chegar a nada, que nunca conseguirei passar num exame ou levar um trabalho até o fim". Depois de meia hora de falatório negativo sobre suas preocupações e incapacidades, interrompi-o perguntando como tinha conseguido concluir o científico.

Os pais dele haviam cometido o erro de mimá-lo demais. Fora da casa paterna, sentia-se desalentado diante da menor exigência.

Era natural que Günther Sch. se sentisse extremamente infeliz por não ter, em sua idade, concluído uma formação profissional e que começasse a sofrer depressões. Fiz que visse que, com pensamentos positivos e construtivos, poderia mudar sua vida de um dia para o outro; que, com uma atitude nova, a alegria de viver e auto-sugestões eficientes ligadas às suas necessidades vitais e a seus mais profundos desejos, poderiam afastar todas as nuvens negras de sua vida; que ele era aquilo que pensava.

Günther aprendeu a ter fé em si mesmo e a ter um bom conceito de si próprio. Aprendeu a deixar que isso acontecesse por si mesmo. Consegui convencê-lo de que não havia razão alguma para temer os fracassos, porque estes eram sempre meras etapas intermediárias. A partir de então, ele deveria repetir seus sucessos e não os insucessos.

Aprendeu a aceitar a si mesmo e à sua individualidade. A partir desse momento, Günther Sch. passou a trabalhar constantemente de modo construtivo; sabia que o gotejar constante da água perfura a pedra. Os pensamentos constantemente repetidos trazem como conseqüência uma lenta, mas forçosa transformação da consciência. Isso é tão simples que até mesmo uma criança pode usar essa verdade.

Em nossa última conversa, pedi a Günther que visitasse mais uma vez Rainer Michel para agradecer-lhe, caso sentisse o desejo de fazê-lo.

Normalmente encaminho os pacientes cujos sintomas exercem uma pressão de sofrimento muito elevada a este talentoso colega, que sabe aliviá-los rapidamente. Rainer Michel é professor numa renomada escola de prática terapêutica e posso recomendá-lo de todo coração a todos que buscam ajuda para seus padecimentos físicos.

O que tanto o distingue entre os terapeutas naturistas é que, ao lado de seu enorme conhecimento de medicina, é dotado de extraordinária intuição.

Na chamada medicina moderna, falta com freqüência espaço para a intuição. O futuro médico é induzido a confiar no diagnóstico, que muitas vezes se baseia exclusivamente em aparelhagem técnica.

Bem diferente disso, Rainer Michel é uma personalidade calma e equilibrada que sabe ouvir e que tem o tempo de que cada paciente necessita. Estou profundamente contente por existirem colegas como esse. Lembre-se das palavras da Bíblia:

Porque ele não é mais que seus pensamentos.

(Prov. 23, 7)

A paz é um sinal de que Deus existe e só será possível quando eliminarmos as guerras

Li recentemente num folheto: "Expulsem os políticos para o deserto! Eles nos levaram à beira da guerra atômica, que pode destruir o mundo. Gente que quer forçar a paz com o uso de armas, revela ter mau caráter!"

Surge logicamente a indagação: serão os políticos realmente os responsáveis pela situação política mundial?

Creio que não. De acordo com as leis espirituais, cada povo tem os líderes que merece. Como pode um pequeno grupo de líderes induzir a paz, se a maioria do povo é agressiva? A paz é algo que não podemos "fazer". A paz é algo que – se deixarmos – simplesmente existe. A paz é função do amor e o amor é o espírito a que nós, seres humanos, chamamos de Deus.

A paz é um vestígio de Deus. Se a seguirmos, o amor, a harmonia e Deus se realizarão dentro de nós e poderemos caminhar na direção do objetivo visado pela evolução.

Os pensamentos nos distinguem dos vegetais e dos animais e nos permitem ser homens. A fonte da paz humana são os pensamentos unificadores e amáveis e a dedicação amorosa. Estes não exigem nada, só querem dar. E é precisamente esta doação que é a origem da paz!

Na mesma proporção em que encarnamos na vida o amor, quer em pensamentos, quer em palavras, quer em atos, *a paz, que é mais elevada do que qualquer raciocínio, também se realiza.*

Examine a situação mundial; todos exigem e querem isso ou aquilo e, se for preciso, à mão armada. Mas, como qualquer outra vontade, esse desejo conduz apenas à discórdia. Nós, seres humanos, devemos ser capazes de aprender a viver em paz, *porque as armas que voltamos contra os outros são dirigidas, na verdade, contra nós mesmos*.

Pense na paz, fale da paz, viva em paz. As palavras que expressam o espírito desinteressado do amor e da paz são a energia de seu consciente através da qual se efetiva a onipotência criadora de Deus. Das inesgotáveis energias criadoras de Deus diz a Bíblia: *Elas são espírito, amor puro feito carne na pessoa de Jesus Cristo*. A paz é a harmonia entre o que se dá e o que se recebe e a harmonia na esfera do pensamento, da fala e da ação. A paz é o fruto da alma que repousa em si mesma.

Deus é um Deus dos ricos

Li recentemente o que um leitor escreveu na carta que enviou ao jornal manifestando-se sobre Deus: "A resposta à pergunta sobre se Deus existe deve ser: se houver Deus, Ele é, com toda certeza, um Deus dos ricos, porque somente serve a eles".

Na verdade, só uma pequena coisa escapou ao leitor, mas foi o suficiente para que chegasse a esse resultado fundamentalmente tão errado. O rico é rico com base nas suas idéias prediletas — idéias de riqueza. O pobre é pobre em conseqüência de pensar demasiado — na pobreza. Há apenas uma lei no universo: *Você dá vida a seus pensamentos, sejam eles quais forem*!

Pensar é um processo criativo. O pensador tem de aprender a aceitar a responsabilidade por si mesmo e pelos seus pensamentos e por tudo o que estes causam.

Deus se manifesta no homem através dos seus pensamentos e é exclusivamente você quem decide o caráter de seus pensamentos.

CAPÍTULO 4

Não existe um princípio de doença

A estatística demonstra que atualmente nos sanatórios, o estado geral dos pacientes piora de maneira considerável. Nesses sanatórios faz-se o tratamento dos sintomas e pensa-se somente na doença que é tratada. Contudo, considerando a palavra "curar", vemos que seu verdadeiro sentido é reconduzir à *integridade*, à saúde *plena*.

Analisar uma doença costuma ser descobrir sua causa material. No entanto, a busca da causa material deveria incluir a tentativa de descobrir *o motivo da perda da harmonia*.

Em todo o universo não existe um "princípio de doença"; há unicamente o princípio da saúde. Por isso, só pode se tratar de descobrir as razões que levaram o paciente a se desviar desse princípio de harmonia ou do "ser íntegro". É verdade que, nesse caso, quase sempre surgem fundamentos muito complexos que, via de regra, atingem o interior das esferas psíquicas.

Com base no que aprendeu, o médico acadêmico sempre tentará tratar da doença, isto é, proceder de acordo com os sintomas. *Acho isso fundamentalmente errado!*

Aconselho-o a procurar, mesmo que seja difícil, até encontrar o médico ou terapeuta que tente restabelecer o princípio da saúde perturbado dentro de você. Reconheça que a *causa* de seu problema − nesse caso, sua doença − é exclusivamente você mesmo. *Quando a alma sofre, o corpo adoece.* Bhagwan, o instrutor hindu de religião, diz a respeito: "Quando um paciente procura um médico de formação ocidental, este começa a refletir, diagnosticar e analisar para descobrir onde a doença se instalou e o modo de tratá-la. Usa uma parte de seu espírito, a par−

te intelectual. Ataca a doença, começa a conquistá-la: irrompe a luta entre a doença e o médico; o paciente está fora do jogo, o médico não se ocupa com ele. Ele começa a combater a doença e não se concentra no paciente em si".

Esta é uma descrição exata da situação da nossa medicina. Sem considerar o ser humano, persegue a causa da doença de uma maneira desumana. Mas, se a causa da doença é o próprio homem, como é que se pode encontrar nesse caso a razão da doença sem levá-lo em consideração?

Um dos motivos da melhora, em muitos casos de internação, é o fato de o doente afastar-se das condições de vida cotidiana que o deixaram doente. Muitas vezes, isso é suficiente para permitir que o "médico interior" entre em ação.

Considerando a medicina dotada do luxo tecnológico da aparelhagem moderna, não deveriam sequer existir mais doentes. Mas, graças a Deus, há cada vez mais homens que reconhecem que só a medicina integral pode levar ao sucesso. Na maioria dos casos, a medicina acadêmica contemporânea torna a doença apenas mais suportável, mas raramente a cura.

A doença é um desvio do princípio criador de saúde, harmonia, amor, satisfação e felicidade.

Contribuamos todos para que haja um pouco mais de harmonia e amor, e forçosamente diminuirá tudo que não corresponde ao princípio de harmonia e de amor. Mas não pense demais no mundo (nos outros); pense em si mesmo, porque você é o centro do mundo.

Você pode mudar o mundo, mudando a si mesmo!

Experimente. Manifeste o amor ao primeiro homem que encontrar e presenciará um pequeno milagre. Escreva-me algumas linhas sobre isso. Trocar idéias fará bem a nós dois que estamos no mesmo caminho.

Certa vez o asmático Walter Sch. veio consultar-me, e, durante três semanas, deitou-se duas vezes por dia em meu sofá para a hipnose. Quando, depois disso, se tornou novamente um homem saudável e sem problemas, declarou: "O senhor fez de mim um novo homem".

O que realmente aconteceu? O doente se subtraiu ao tratamento médico e farmacológico e renunciou à permanência anual no sanatório, que resultavam sempre e apenas num alívio passageiro. Entregou-se à ajuda espiritual, que eliminou a raiz do seu sofrimento psicossomático.

Ao lado desse caso, posso alinhar mil outros para demonstrar que as leis espirituais absorvidas por hipnose são capazes de influenciar uma doença fatal de maneira muito mais eficaz do que remédios ou outras medidas psicoterapêuticas.

O que ocorreu com o paciente asmático? No fundo de sua alma, estava pronto a abandonar sua atitude contraída diante da vida, que levara sua saúde a um beco sem saída. Depois de poucas horas, as sugestões positivas de saúde e harmonia produziram de imediato reações. O senhor Sch. viveu, pela primeira vez após anos, como se enfrentasse sem dificuldades uma situação que normalmente lhe causaria tensões. Aprendeu a imaginar espiritual e emocionalmente como permanecer calmo e relaxado interior e exteriormente nos momentos de estresse. Percebeu que o conselho para se submeter a esse tipo de tratamento era justificado, porque ainda não sabia fazer isso. Mas era também, graças a Deus, uma pessoa curiosa e absorveu o conhecimento das leis espirituais como uma esponja seca absorve a água. Aprendeu a compreender que cada afirmação que ele considerava correta era aceita e transferida ao corpo pelo subconsciente. No fim de poucas horas, Walter Sch. compreendeu a causa que o levara, no decorrer dos anos, ao sofrimento: entre seus inúmeros parentes, havia um tio que ele visitava, quando criança, na companhia da mãe, duas ou três vezes por ano. Esse tio sofria de grave bronquite, acompanhada de ocasionais ataques de asma. A amiza—

147

de entre Walter e o tio era extraordinária; este sabia contar histórias de modo excelente, brincava com ele, era generoso em matéria de dinheiro; em suma, era o tio que toda criança deseja. De vez em quando, este tio sofria acessos de asfixia, a que Walter assistia perplexo. Como disse, durante a hipnose, ele ficava como que fulminado por um raio, quando revia a cena do tio tão querido, com o rosto arroxeado, lutando para respirar, às vezes caído no chão. Walter ficava como que petrificado e só voltava a respirar depois que o ataque do tio passava.

A psicologia sabe, há muito tempo, o que a medicina acadêmica aparentemente não aprende: a energia que flui entre os seres humanos que se querem bem ou até se amam (identificação) é de tal modo unificadora que pode provocar o intercâmbio recíproco de traços da personalidade e até de doenças. Não é, assim, uma piada o fato de que, por exemplo, o cão e seu dono apresentem espantosa semelhança; que o cão, ligado emocionalmente a seu dono pelo convívio adquira traços característicos deste e vice-versa.

É fato bastante conhecido que os casais, depois de longos anos de convivência feliz, se assemelham como um ovo a outro. Nesse caso, a causa não pode estar nos genes, porque não há parentesco entre os parceiros.

Essa energia de identificação desenvolveu em Walter Sch. a disposição para uma atitude igual nos momentos de tensão excessiva.

Os materialistas tentarão, naturalmente, encontrar para tudo uma explicação correspondente ao seu mundo. O observador limitado pelo seu intelecto recorrerá aos genes, à teoria da hereditariedade. Não há dúvida de que os genes são uma estrutura extraordinariamente complexa, que contém inúmeros sinais para o desenvolvimento do homem, mas as doenças efetivamente herdadas são bastante raras.

A natureza não depende tanto da matéria como gosta de crer o materialista. As energias libertadas pelos que se amam são preponderantemente responsáveis pela criação de características pessoais e também da formação corporal.

Constitui parte das experiências de cada ser humano o intercâmbio de atitudes através da convivência.

Um médico amigo meu levou isso tão a sério que pendurou em sua sala de espera um aviso, pedindo aos pacientes que não conversassem sobre os sintomas de suas doenças.

Observe, em seu círculo de relações, onde você pode encontrar sinais de transferência de características pela identificação. Observar leva à ampliação da consciência. Bhagwan diz a respeito: "Cada rio procura o mar, e o encontra. Há pouco, o rio ainda era a reunião de muitas gotas que reconheceram que sua individualidade é que as separava da unidade da sua verdadeira natureza. Quando a gota reconhece a sua unidade com o mar, passa a ser um rio que já mantém ligação com o mar. Ao ser analisada, cada gota deve dar o mesmo resultado que todo o mar. A gota se sente separada, sozinha, mas não o mar que, por conhecer a unidade total, abandonou a individualidade em favor da integridade. A evolução da gota chegou ao fim. Quer dizer que, querendo evoluir, ela deve abandonar-se e à sua individualidade".

Há grupos de esportistas que me procuram, porque querem melhores resultados ou desejam entrar para a seleção nacional ou coisas parecidas. Sem saber, realmente reconhecem, com freqüência, que o treino individual esbarra num limite, no qual já não há mais a influência do resultado do grupo. O passo seguinte de um grupo desses é a superação do ego, a individualidade de cada um, a fim de permitir o crescimento de algo novo: um espírito que abranja o grupo inteiro. O espírito grupal compõe-se de muitos indivíduos isolados que superaram o próprio ego em prol do objetivo superior. O indivíduo é forte, mas o grupo é mais forte. Quando o grupo já não é mais composto de indivíduos solitários, há nele algo de novo: um novo ser para um certo tempo.

Esse novo ser obterá também uma nova dimensão de resultados. Será potencialmente muito maior do que a simples soma dos jogadores. Enquanto o treinador for capaz de manter vivo esse espírito, seu time alcançará a categoria de campeão. Se o estimado leitor pertencer a uma liga esportiva, sentirá que seu grupo é imbatível quando cada membro deixar de impor sua vontade, colocando toda sua capacidade à disposição do todo.

Compare isso com a luz. Ela tem muito mais poder e é infinitamente mais forte do que a escuridão. Por maior que seja a escuridão, ela é rompida pela luz de uma pequenina vela. A luz é um número quase infinito de elementos vibratórios diferentes. Sabemos que, no nível físico, a luz é a doadora da vida. A luz ajuda a iluminar e tem significado todo especial em nosso simbolismo. A física moderna descobriu, sem querer, um princípio espiritual com base no qual se procura levar os níveis vibratórios quase infinitamente diferentes a um denominador comum. É tecnicamente exeqüível ordenar a mistura dentro de um raio luminoso de maneira tal que se obtenha uma avalanche de luz da mesma fase, freqüência e direção. A totalidade de energia que anteriormente se irradiava para todos os lados torna-se agora um feixe imensamente mais efetivo. Nasceu o *laser*.

Antigamente um time de futebol era uma energia desorientada devido ao individualismo dos jogadores. Atualmente, a concepção, a direção e o objetivo são dados para a sincronização do potencial existente.

Faça com que seu time se torne um raio *laser*, que não conhece resistência e supera tudo. Ele é como os pensamentos dirigidos no mesmo sentido, que são seguidos pelas palavras condizentes e pelos atos correspondentes.

A concorrência leva ao pânico

Ao tomar conhecimento de que, no mesmo lugar onde clinicava, tinham sido abertos, quase ao mesmo tempo, mais dois consultórios, certa médica sentiu-se ameaçada. Em vez de dizer a si mesma que a "concorrência vivifica os negócios", ela reagiu com intensas perturbações do sono; sua imaginação pintou com as cores mais sombrias o encerramento da sua carreira e, em pouco tempo, ela estava convencida de não ser capaz de competir.

A Drª S. descreveu-me a educação autoritária que recebera; sofria pelo fato de sempre ter sido passada para trás pelos irmãos. O sentimento de ser uma médica imprestável se intensificara tanto que a freqüência de pacientes começou de fato a diminuir.

As dúvidas e o medo de fracassar a torturavam a tal ponto que a única saída lhe parecia estar na hipnoterapia, porque sua própria medicação não era mais suficiente para atenuar as perturbações de seu ritmo cardíaco. Procurou-me totalmente esgotada e irritada, perguntando se eu seria capaz de reorganizar o montão de destroços que dela resultara.

Nas primeiras horas de terapia, já se podia constatar uma progressiva libertação. Tornou-se mais calma e conseguiu até mesmo rir, o que já se tornara raro; ela própria confessou que há muitos anos não ria mais. Começou a fazer planos para entrar em contato com as outras duas clínicas médicas e, com crescente segurança, chegou à conclusão de que a concorrência seria suportável sem maiores problemas. Escreveu-me mais tarde, dizendo: "Reconheci que meu maior inimigo era eu mesma. Este conhecimento deixou-me estupefata, mas também muito aliviada, porque é bem mais simples modificar-se do que ser constantemente infeliz".

Nesse caso também, as causas descritas parecem estar na infância, na educação autoritária e opressora. Aquele que, nessa "época impressionável", recebe por longo tempo influências negativas, reagirá mais tarde, na idade adulta, exatamente no sentido dessa sugestão negativa. O que denominamos "superação do passado" é o único meio para tirar o poder dessas más impressões.

Despeça-se do passado com amor. Subtraia a energia daquilo que, no verdadeiro sentido do termo, já passou, morreu; subtraia essa energia a fim de não agir com base no que passou. O passado está morto. Viva o presente; a partir de hoje você mesmo tomará as decisões, isto é, sem ser influenciado pelas programações estabelecidas na infância. Se não for assim, não será você quem decide, mas os modelos inconscientes que jazem em seu íntimo.

Conheça a si mesmo

O autoconhecimento é o resultado de se conhecer o ego, o próprio "self". Conhecer a nós mesmos e compreender nossa verdadeira natureza é um objetivo que recebemos como dote para o nosso caminho. O saber é um dos caminhos para o conhecimento. A sabedoria é algo como uma porta aberta – porta para Deus – para o conhecimento. Ninguém pode fechá-la.

Não importa o tipo de conhecimento que procuramos; por fim chega o momento de reconhecermos que esse conhecimento era um meio. Chegamos a reconhecer que aquilo que procurávamos estava esperando *por trás* de todo conhecimento, que é como uma cortina que precisamos puxar para o lado de vez. A cortina é a decoração que nos separa do objetivo almejado.

Conhecer o próprio "self" representa subir o primeiro degrau no caminho espiritual, é a base da consciência de si. Aquele que tem consciência de si começa a confiar, tem autoconfiança, que é a base da fé. Aquele que é capaz de ter fé demonstra que aprendeu a confiar e essa é uma das virtudes humanas mais importantes. A confiança nasce do conhecimento e este é aquela porta aberta por onde podemos entrar.

Resumindo, nos é possível dizer que *sofrer é um engano e a doença é uma ofensa à energia criadora*.

O Senhor A. esqueceu-se do amor

O Professor Anton A. não obteve êxito com seu estilo pedagógico. Acreditava que poderia, com pressão autoritária, impor ordem e disciplina aos seus alunos, mas colheu agressões e frustração. Não entendendo mais o mundo, estava prestes a ter uma crise nervosa. *"Aquele que se serve da espada pela espada perecerá."*

Numa das minhas conferências, ele tomou conhecimento das relações entre o consciente e o subconsciente e, pela primeira vez, teve contato com a natureza e o modo de atuar da hipnose. A antiga orientação de seu intelecto segundo o lema de Palmström de que "não pode existir aquilo que não deve ser", tornou-o um caso difícil.

Durante a terapia, não queria, por longo tempo, abandonar sua concepção filosófica do mundo, um edifício de idéias construído no decorrer de décadas. Esta sua concepção era intocável. Mas o gotejar constante da água rompe a pedra. Aos poucos ele foi se acalmando e, durante o tratamento e as conversas nos intervalos, seus argumentos foram perdendo a força adversativa.

Depois de dois terços do tempo da terapia, ele tornou-se receptivo; aprendeu a extrair energia das suas profundezas, ficou calmo e começou a tornar-se radiante.

Dei-lhe a sugestão: *o amor de Deus enche minha alma.* Ele deveria imaginar-se repetidamente como um homem cheio de amor divino. Em estado hipnótico, imaginava estar na sala de aula e ir ao encontro dos alunos como amigo. Em suas profundezas, sentia o fato de que só quem foi amigo atrairá amigos. E aprendeu a reconhecer que seu mais elevado dever era ajudar aos jovens a se tornarem homens, no mais nobre sentido da palavra. Fiz com que compreendesse que uma planta precisa de sol para se tornar uma planta e que o homem necessita de amor para se tornar homem.

Na conversa que tivemos no encerramento da terapia, ele me disse: "Vejo agora com clareza que preciso apenas mudar minha atitude diante da vida, para que tudo se transforme. Começo novamente a ver meu trabalho como algo belo e não quero mais chamá-lo de trabalho e sim de meditação".

Ao agradecer, na despedida, mencionou seu novo lema de vida: "Não pretender educar, dar o exemplo!"

Durante a hipnoterapia, deixou de apresentar, de passagem, dois outros sintomas; suas mãos, sempre molhadas de suor, agora eram secas e normais, e as acelerações cardíacas que surgiam em situações difíceis, assim como as dores na axila esquerda, prenunciadoras de infarto, haviam sumido.

O objetivo mais importante da minha terapia é levar o paciente a perceber as suas próprias profundezas. Esta experiência íntima contribui para solucionar todos os problemas da vida, porque, ao descobrir-se, o homem se esquece de sua miséria! O mal só é possível pelo desconhecimento do bem. *Todos* os problemas têm origem nessa ignorância.

Uma transformação particularmente intensa da personalidade e associada à regeneração física foi vivida por Eva-Maria R., uma estudante de biologia.

Ela tinha sido uma criança repudiada e jogada de um lado para o outro e, quando veio me procurar, não sabia o que era aconchego e amor. Desejava carinho, mas não sabia transmiti-lo. Aos vinte e quatro anos, Eva-Maria tinha medo do futuro e sofria de graves depressões. Nos dois primeiros dias chorou quase sem parar durante as sessões de hipnose. Aos poucos, entrou em estados mais profundos de consciência, nos quais reconhecia haver nela toda a energia e poder do cosmo; descobriu que ela só precisava servir-se deles para ter a vida que tantas vezes invejara nos outros. Começou a aprender que seus medos e depressões podiam ser explicados pela sua ignorância.

Os temores de um ser humano que é tratado com desprezo na infância são quase sempre acompanhados de enormes sentimentos de inferioridade e estes levam a pessoa à indiferença por si mesma e pelo passado. Por isso, era lógico que ela não pudesse ser *consciente de si*. Captou intuitivamente essas relações, durante uma sessão, e, de repente, riu tão espontaneamente que dois pacientes que estavam em outros quartos se sentiram contagiados. Rompeu-se o gelo. Eva-Maria queria abraçar o mundo e por motivos óbvios começou conosco. Dizia: "Perdôo tudo a mim e a todos. Devido à profunda falta de amor eu estava separada de mim e do mundo; mas agora tudo será diferente. Vou abandonar esse círculo diabólico e, a partir desse momento, estou ligada com amor ao bem".

Não esqueça isso nunca mais: *O amor une, o desamor separa.* Cada qual tem a liberdade de decidir como será a sua vida.

É preciso saudar cada dia com o coração repleto de amor. Até ontem seu presente foi o resultado dos seus pensamentos (inconscientes). A partir de amanhã seu presente será a materialização dos seus pensamentos conscientes de hoje. Pense a partir de agora, de modo construtivo e prove a vida. Inicie hoje uma nova vida. Hoje é o primeiro dia do resto de sua vida.

Nas três semanas de tratamento, Eva-Maria libertara-se interiormente de tudo o que a inibia. Durante a nossa conversa final eu disse a ela: "A solução de todos os problemas reside na capacidade de se desprender deles. Ater-se às preocupações e problemas significa fixar-se neles e, desse modo, fazer de você mesma um problema".

Portanto a solução é o desprendimento. A nova liberdade interior de Eva-Maria teve como conseqüência uma enorme transformação exterior, revelando uma beleza interior e exterior tão impressionantes que ficamos todos profundamente emocionados. Todos enamoramo-nos dela e passamos a ser seus amigos.

Quando dissemos, no capítulo anterior, que o desconhecimento é a causa de todo o mal, queríamos nos re-

155

ferir especialmente àqueles que, por medo da morte, passam muitos anos de sua vida preocupados, temendo esse momento. A morte é apenas uma grande mudança na vida e nada mais!

Nesse sentido, Bhagwan diz: "O medo vem de se saber que a morte existe sem conhecê-la. O medo existe no abismo entre você e sua morte. Quando não há espaço vazio não há medo, isto é, quando não houver espaço entre você e a morte, também não haverá medo. Não imagine a morte fora de você, porque ela não está fora de você; a morte lhe é inerente, porque ela é o outro lado da vida. A vida não pode existir sem a morte; ambas são a mesma energia tornada pólo positivo e pólo negativo. Conseqüentemente, você não deve se fixar exclusivamente na vida, porque você é ambas.

"A identificação com a vida cria o abismo e a morte nada tem a ver com o futuro. Ela está sempre presente, está em cada instante. Aquele que parar de encará-la como algo externo a si mesmo e, por assim dizer, começar a levar para dentro de sua consciência essa imagem, incorporando-a, se transformará completamente. Este terá realmente renascido. E depois não haverá mais medo, porque não haverá mais abismo".

Aquele que aprendeu a morrer deixa de ser escravo.

Odiar significa impossibilidade de decidir-se pelo amor

O farmacêutico P. sofria de úlcera duodenal. Veio me procurar, conforme disse, para não ter mais de engolir as próprias pílulas.

Contou que, quando criança, vivia sozinho e sem amigos e, na escola, era considerado ambicioso. Adulto, vivia em permanente conflito com seu chefe.

Na primeira consulta, P. dava a impressão de ser muito nervoso e agressivo. Tinha tendências depressivas, acompanhadas de fortes sentimentos de culpa. Vivia em luta constante com sua ambição e seus sentimentos contraditórios de inferioridade. Tudo isso era agravado pelo fato de ele não saber se decidir por um dos dois sexos, o que era, logicamente, mais uma razão para ele não se encontrar.

Poucas horas após o início da terapia, o gelo começou a se desfazer e, com isso, sua atitude também mudou. A insegurança deu lugar a uma calma progressiva e a uma segurança maior no modo de falar. A visão gradativa da própria imagem lhe deu um distanciamento de seus problemas. Reconheceu sua ambição e os motivos de seu complexo de inferioridade. Ao mesmo tempo, quase paralelamente a esse reconhecimento, sua atitude diante do chefe se modificou. Para surpresa sua, constatou que, numa recente entrevista com ele – elas normalmente terminavam em discussão – conseguiu agir com completa calma e segurança, observando como o chefe ficou espantado com isso. Essa sensação de energia colocou-o, já na primeira conversa, em condições de pôr ordem na situação. Com toda a serenidade, foi capaz de falar com o chefe sobre todas as coisas que se haviam posto entre eles no passado. Foi capaz até de explicar o que lhe impedira a plena atividade e de dizer que não se dispunha a continuar trabalhando naquelas condições. Para sua surpresa, o chefe reagiu de modo muito positivo e, a partir de então, a colaboração se deu em nova base, sadia e sem tensões.

O fundamento de toda problemática é quase sempre o mesmo: *não ousamos encarar os problemas, enfrentar a situação*.

Todos nós deveríamos aprender a falar imediatamente sobre o que nos incomoda e o que não gostamos. De outro modo os problemas assumem dimensões cujas conseqüências são reações psicossomáticas. De acordo com minha experiência, essa é a principal causa dos problemas de convivência. Precisamos dialogar mais. Isso é válido para todas as esferas da vida: *se não dialogarmos bastante com os outros, gera-se o que chamamos de conflito de guerra.* Aquele que, na convivência, não expressa sua opinião, com maneiras afáveis, se verá dentro em pouco, cercado de discórdias.

Sentir a própria morte

Uma senhora de certa idade que dedicava visivelmente grande parte do dia ao medo de morrer, pôde ser ajudada, quando a fizemos vivenciar várias vezes essa passagem de uma dimensão para outra.

No caso dessa mulher, a ajuda era particularmente urgente, porque ela sofria de câncer e os médicos não podiam mais lhe dar esperanças; ela mesma não tinha mais nenhuma. Desde o diagnóstico, seu pensamento estava dominado pelo medo do que estava por vir. Após algumas horas de treino de relaxamento, ela se aproximou conscientemente do momento da passagem da dimensão material para a espiritual.

Numa boa sessão de hipnose, é relativamente fácil fazer o medo desaparecer, de modo que a senhora B. foi capaz de aproximar-se do momento de sua morte física. A paciente vivenciou o suave deslizar para o outro lado, tal como Elisabeth Kübler-Ross descreveu em seu livro. No momento da morte, o tempo parecia não existir mais; tudo acontecia numa total serenidade e lentidão. A senhora B. reviveu uma vez mais os momentos mais importantes de sua vida: o pai, a mãe, a infância, a escola, um grave acidente, o dia do casamento, o nascimento do primeiro filho, a morte dos pais e do esposo. Era como se ela fosse uma mera observadora. De repente, viu-se aos nove anos, brincando na grama, rindo e correndo sem olhar para a estrada e agora assistia fascinada como um carro passava por cima de seu corpo.

Pouco a pouco, ela se acalmou e se desapegou gradativamente das atividades desta vida. À sua volta, tudo escureceu como se ela deslizasse por um túnel. Após dois ou três minutos, viu uma luz à distância e não sentiu mais o corpo. Começou então a descrever um sentimento de que provavelmente não podemos participar inteiramente:

"Estou cheia de uma felicidade infinita, tudo é belo, muito belo, Glória dourada, música que vem de algum lugar, vejo figuras aparecerem num nevoeiro; lá está minha mãe! Ela ri e vem até onde estou e me dá as duas mãos. Ouço (provavelmente) sua voz dentro de mim: — Ainda não é chegado o seu tempo; papai e eu estaremos aqui quando você vier. Não tenha medo; é como nascer: no primeiro momento terá medo e, em seguida, tudo será novo e mãos amorosas cuidarão de você. Deus a ama! Agora volte". *Quem teme a morte teme a vida.*

A nós, terapeutas, custou persuadi-la a voltar ao corpo condenado; ainda sob hipnose, ela não queria voltar! Ao ficar outra vez *totalmente presente*, estava visivelmente mudada; o rosto mostrava-se mais sereno e novamente corado. Sorria para nós, inteiramente feliz e ofereceu-nos as mãos, em comovido agradecimento. "Estou muito feliz por ter vindo aqui e por me permitirem viver esta experiência." Havia lágrimas em seus olhos.

"A partir de agora, não vou mais me apegar a nada; agora sei que o sentido está no desapego. Até esse momento minha vida consistia no apego, mas que hoje não seja feita a minha vontade mas a vontade do Senhor. Reconheci, tarde demais para a minha vida, que o interior do homem não envelhece nem sofre." Brincando, acrescentou: "Vou expiar com decência o resto do meu tempo aqui".

Quatro semanas mais tarde, recebemos de sua filha a notícia de sua morte. "Mamãe adormeceu totalmente serena e em paz", disse-nos ela, e, entre as últimas palavras da mãe, havia também uma saudação, que nos era destinada: "Até breve".

Aquele que não se desapegou antes de morrer, passará mal no momento da morte.

Sonhei com a Senhora B.

Eu estava muito comovido com tudo aquilo e alegrava-me com e pela Senhora B. Na noite seguinte, vivi em sonho tudo o que vivenciara com ela e, subitamente, a falecida apareceu diante de mim; sorriu e, piscando um olho, disse-me: "Está tudo bem, não tenha medo". Depois: "Deste lado, seus desejos já estão realizados e, em pouco anos, realizar-se-á na dimensão mundana aquilo que lhe mostraram na meditação. Todo o dinheiro necessário já está a caminho. Continue a construir seu centro espiritual!".

A imagem dela empalideceu e acordei com um sentimento de profunda felicidade: desde que, numa meditação, me aparecera a visão de um grande edifício no qual eu poderia realizar meus seminários com uma pequena fração dos custos atuais, aguardava a possibilidade de construir esse edifício. Depois dessa visão, na meditação, eu tinha o desejo de construir um grande centro espiritual, próximo de Munique, onde se transmitiriam aos homens, em condições ideais, as leis espirituais e sua realização no presente.

Eu visualizava um edifício bem grande, hexagonal, rodeado de muita água, como se fosse um jardim japonês; seria construído, em parte, de madeira, muito vidro, teria muitos quartos para pernoites e cozinha vegetariana. Enfim, faria tudo num único e grande edifício, apropriado para mostrar a milhares de homens o caminho rumo à vida harmoniosa.

Quanto a isso, caro leitor, parece que algo está se encaminhando, uma coisa que sei ser *possível*; no entanto, como isso aconteceu *comigo*, não pude deixar de ficar perplexo!

Nem se passaram três semanas, recebi em minha residência uma carta sem indicação de remetente, vinda de Nordrhein-Westfalen. Uma letra feminina me informava de que uma grande fortuna estaria à minha disposição para um centro espiritual. Meu intelecto me dizia: "Grande piada!" E minha intuição: "Algo está prestes a acontecer".

Vou contribuir de todo coração com tudo que for possível, vou colocar toda minha energia nesse objetivo e agora espero os acontecimentos! Nunca antes me tornei tão consciente de que todos nós somos instrumento de um Ser Maior! Se Deus quiser, você e eu nos encontraremos um dia num ambiente ideal. Lá começarei meu trabalho com uma oração de agradecimento e em profunda devoção.

Temer a morte significa temer a vida

Depois de uma tentativa de suicídio, um homem de trinta e cinco anos veio procurar meu conselho. Estava então em busca de si mesmo. Suas condições de vida o tinham brindado até então com tudo quanto pudesse desejar, do ponto de vista material. Tal situação criou nele a atitude de achar isso normal. Necessitava, antes de tudo, de autoconhecimento e de auto-experiência; precisava ser levado a reconhecer que só o amor a si mesmo e ao meio ambiente o fariam adquirir harmonia interior e serenidade.

Isso lhe exigiria uma gigantesca revolução de caráter e de estilo de vida. Ele aceitaria essa idéia?

Por mais convencido que eu esteja da extraordinária energia do pensamento positivo e da infinita energia do subconsciente, sei, no entanto, que a renovação total da ordem psíquica, no outro, só poderá ser bem-sucedida se ele próprio investir também todas as suas energias.

O terapeuta é sempre a parte que apenas mostra o caminho, o orientador que indica a direção, mas não vai junto. Cada qual tem de alcançar o objetivo com as próprias energias.

O paciente e eu tivemos "sorte"; falando com mais acerto: "tudo que conseguimos até agora foi exclusivamente resultado de nossa atitude diante das coisas e das situações". A atitude do meu paciente se transformou com a terapia. Ele começou a ver, a si mesmo e ao mundo, sob outra perspectiva. O estado em que se encontrava antes da tentativa de suicídio tinha por base simplesmente a falta de conhecimento de si mesmo.

Sempre que possível, o objetivo da terapia deve ser *saber mais sobre a natureza do "self"*. Aquele que conhece muito de sua natureza fundamental está *consciente de si*. A consciência de si é a base da autoconfiança, da qual nasce a fé. *Confiar em alguém significa crer nele.*

A fé é o maior poder e a maior energia do universo. Charles V. P., meu paciente, começou a crer novamente em si mesmo. O que antes considerava milagre, entrou para sua vida: o contentamento, a felicidade, a harmonia e a profunda gratidão por todas as bênçãos da vida, antes tão pouco consideradas.

Quase sempre, o suicídio representa querer impor à vida condições cuja não-realização posteriormente é "castigada", jogando fora o corpo. Aquele que limita seu consciente e insiste em determinada condição, sem a qual se nega a viver, está, naquele momento, totalmente aprisionado pelo seu ego. De sua consciência superior, de seu "self" verdadeiro e sua inesgotável plenitude, já nada mais penetra na perspectiva restrita, limitada, que ele mesmo elegeu.

Outra perspectiva da morte voluntária é querer postergar para outra vida os problemas e suas soluções, é claro que aceitando-se a teoria da reencarnação. Na verdade, isso parece até ser absolutamente legítimo. Não adiamos todos nós diariamente propósitos importantes, trabalhos e coisas desagradáveis, deixando para amanhã, ou melhor, para depois de amanhã?

A morte voluntária do conhecido escritor Arthur Koestler provocou grandes debates nos círculos esotéricos. Na opinião de Koestler todo homem tem o direito de pôr fim à própria vida. Creio que esse é certamente um grande tema, cuja discussão jamais terá fim; mas, em todo caso, o suicídio é, na maioria das vezes, conseqüência de um curto-circuito. Preocupações e problemas de longa duração aparentemente aumentam, a situação parece chegar a um beco sem saída, onde é impossível recuar ou desviar-se. Cabe muitas vezes aos sentimentos feridos, o papel decisivo; uma decepção amorosa, por exemplo, pode ser tão imensa que, no momento, continuar vivendo parece não ter sentido. Na perspectiva asiática da vida, a chamada "perda da dignidade" deixa como única saída a morte voluntária. Nessas e noutras situações semelhantes, a pessoa em questão tem a impressão de que o mundo todo conspira contra ela e que o suicídio é a única liberdade ainda possível.

E nisso está o grande engano. Em situações de conflito, querer desviar-se para a morte jamais é um ato de liberdade, mas a conseqüência de uma coação que, logicamente, não conduz a uma ação ponderada a partir da consciência superior.

De acordo com sua própria definição, Arthur Koestler não estava em situação conflitante nem sob uma depressão que pudessem dar um "motivo" à sua morte prematura. Ele agia – se é que isso existe – a partir da liberdade interior. Sua decisão não foi forçada ou influenciada por eventos exteriores. Ele declarou: "A meu ver, já ultrapassei o apogeu da minha vida, vou-me embora!"

Todos conhecemos o ditado que diz que é melhor parar de comer, quando o prato está mais gostoso. Talvez você consiga entender o que é isso, quando se levantar no momento em que o filme a que assiste começar a se tornar maçante ou quando for embora no meio do concerto, se achar que o seu ponto culminante já foi alcançado. Se essa atitude é boa ou até mesmo correta, é

163

coisa que não posso decidir; nem por você e nem por mim. Nisso se revela a liberdade de ter de escolher, às vezes dolorosamente, a quem desejamos servir!

Quase todo homem procura adiar seus problemas durante longo tempo e acredita desse modo estar "solucionando-os". Às vezes isso tem aspectos positivos, mas, em geral, as tarefas adiadas crescem em potência. Por vezes, aprende-se que toda tarefa já encerra a solução, que em cada pergunta já está dada a resposta e que cada adiamento representa o retardamento de uma coisa boa.

Saber é poder

A qualidade da nossa vida depende exclusivamente da nossa consciência. O povo diz isso de maneira mais simples: *saber é poder*. Isso significa que *o saber é a fonte de todo o bem* e a ignorância a fonte de todo o mal.

Se quiser ser bem-sucedido em alguma atividade, você deverá dispor de todo o conhecimento a respeito dela. Informe-se, estude o mais profundamente possível e aprenda a confiar depois em suas energias interiores.

Aquele que procurou e reuniu bastante conhecimento – seja em nível profissional ou de autoconhecimento –, começa a confiar em si mesmo e em seu conhecimento. Essa confiança é a base da "confiança em si mesmo" e este é – como rezam todas as Bíblias do mundo – o maior poder do universo.

Como a descrição que damos da fé explica pouca coisa, pode ser que esse conceito pareça muito abstrato. Procure simplesmente meditar, no próximo momento, sobre a noção de "crer, acreditar, ter fé". Você sabe que *meditar é contemplar do ponto de vista divino*, isto é, adotar uma perspectiva diferente e superior sobre uma afirmação até agora pouco entendida. Para afirmar e ampliar seu conhecimento, sua confiança e sua fé, você pode, no início do trabalho sobre você mesmo, obter bons progressos com sugestões afirmativas.

No próximo capítulo, você verá uma série de sugestões breves e muito efetivas. Tudo o que repetir freqüentemente em pensamento ou com palavras é uma sugestão.

Tome a palavra "repetir" no sentido literal: re-petir, pedir novamente. Se você repetir algo vezes sem conta, é evidente que isso lhe causa mais impressão do que aquilo que não repetir tantas vezes. Repita em pensamento a palavra "saúde", assim a repetida afirmação da noção de "saúde" aumentará em sua consciência aquilo que *corresponde ao entendimento que você tem em seu consciente* sobre a saúde! Um dia você será aquilo de que está consciente, porque você é manifestação de consciência. Um computador só pode manifestar o que contém, exatamente como você. Sua expressão externa dependerá do que tiver na consciência.

O processo que chamamos de "sugestivo" é um processo "de impressão"; uma sugestão imprime algo em você. O grau de energia da sugestão depende da calma interior que mantiver durante o processo de programação, isto é, durante o ato de sugestão.

Cada um já experimentou, no próprio corpo, a eficácia das sugestões e a vive diariamente. Um grande setor da economia – a propaganda – vive muito bem a partir do conhecimento desse poder.

Para o sucesso da hipnoterapia é muito importante a confiança no terapeuta. O exemplo a seguir talvez pareça quase inacreditável ao leigo. Numa clínica, havia um paciente que, segundo os conhecimentos da medicina, passava por incurável. Esse homem tinha ilimitada confiança em seu professor, o médico-chefe da clínica. Sua visita representava o ponto alto do dia para o qual o paciente se preparava interiormente. Certo dia, o professor chegou acompanhado de toda a junta médica, estudou a ficha do doente, ocupou-se com ele sorrindo amavelmente e disse depois a seus colegas, em latim, que se tratava de um moribundo. O paciente, sem conhecer o latim, entendeu pelo gesto e pelo sorriso amável que ficaria bom novamente. E o que lhe aconteceu depois, correspondeu à sua crença. Após algumas semanas, contrariando todas as leis da medicina e para o espanto de todos os médicos, pôde voltar, com saúde, para casa. A ilimitada confiança em "seu" professor foi mais forte que a força (negativa) que o tornara doente. Entre suas afirmações (positivas ou negativas) a mais forte e a de "maior peso" é eleita pelo subconsciente!

Suponhamos que, no treinamento autógeno, você já aprendeu a ficar completamente calmo, interior e exteriormente. Desse modo, você já possui a condição básica mais importante para ser bem-sucedido. Com base nisso, a repetição muito freqüente da mesma afirmação – por exemplo, "estou com plena saúde" – fará surgir dentro de você uma energia que corresponde exatamente ao que entende como "plena saúde". O próximo passo será a sua transformação no que tem dentro de si. Se tiver a imagem de plena saúde, isso se expressará por meio de saúde nos níveis anímico, corpóreo e espiritual. O exterior sempre expressa o interior.

Isso começou com uma sugestão, um desejo, uma saudade. Procure persistentemente aquilo que almeja, porque o que desejar virá ao seu encontro.

Durante longo tempo, reserve diariamente vinte minutos para programar a qualidade de vida que quer. Faça sugestões a si mesmo, *preencha* sua imaginação com imagens que deseja ver realizadas. Na escolha das sugestões, você não precisa eleger apenas uma ou duas; podem ser até cinco ou dez desejos diferentes que se complementem mutuamente. O subconsciente tem capacidade ilimitada. Você mesmo limita suas possibilidades com uma consciência restrita.

Segundo Shakespeare, você é uma obra-prima, nobre pelo bom senso, *ilimitado em capacidades*, semelhante a um Deus. Peço-lhe que pense muitas vezes nessa maravilhosa comparação. Peço-lhe que não se esqueça dela.

Faça a si mesmo esta sugestão: "Bem-estar e abundância em todos os domínios vêm até mim. Sou rico de espírito, corpo e alma". Essa sugestão não contém nenhuma limitação.

Ao examinar um objetivo, verifique se não há dúvidas que se oponham à realização desse desejo. A melhor sugestão de bem-estar e de sucesso não fará efeito, se interiormente você sofrer de um complexo de pobreza. Medite sobre as "dúvidas" e veja como são numerosas. Duvidar de Deus e do mundo é duvidar de si mesmo!

As sugestões devem conter unicamente palavras e afirmações positivas. Palavras como "nunca, não, mal, doença, etc.", isto é, todas as coisas que você não quer, não devem ser proferidas por você, mesmo com a intenção de não desejá-las mais. A palavra "não", por exemplo, não pode ser representada em *imagem*. Nos lugares destinados aos não-fumantes, há um desenho representando um cigarro riscado por um "x", isto é, o que não se deseja precisa ser representado por uma imagem.

Como já dissemos, tudo em que se pensa aumenta. Conseqüentemente, não é possível usar sugestão para aquilo que não se deseja. Se você está deprimido com seu corpo, sua alma e seu espírito, a única forma correta de auto-sugestão poderá ser esta: *em todo o meu ser penetram a plena harmonia e a saúde*.

É muito importante reconhecer este princípio. Substitua aquilo que não deseja por aquilo que quer:

Doença por Saúde

Pobreza por Riqueza

Depressões por Autoconsciência e por Amor

Dores por Bem-estar

Falta por Abundância, etc.

Nenhuma sugestão deve conter negação. Uma expressão adequada para "sugestão" é "afirmação". Aquilo que afirmar virá ao seu encontro. Aquilo que negar também virá. Não se trata da "afirmativa" ou da "negativa" de uma coisa, mas daquilo em que pensar, porque, como já foi dito muitas vezes, pensar é um ato criativo e o criador (pensador) deve saber o que quer *antes* de criar o seu mundo. Conseqüentemente, você não pode "desimaginar" a doença, porque, pensando nela, você a faz aumentar.

Pense em saúde e, desse modo, criará saúde e esta forçosamente dissolverá sua doença. Tudo o que for bom, obrigatoriamente precisa consumir aquilo que não for. É você quem decide qual dos dois lados apoiar! No momento em que se decidir pelo bem, pela felicidade, três quartos do trabalho necessário para chegar ao objetivo já estarão feitos. O resto podemos chamar de "autoridade carinhosa". A partir de agora, zele com autoridade carinhosa para que seus pensamentos permaneçam orientados de modo construtivo na direção de seu objetivo. Observe diariamente aquilo que estiver pensando. Escute os seus pensamentos, porque seu subconsciente também o faz e, em seguida, realize-os.

Uma paciente muito querida, a Senhora R., apresentou-se para a primeira consulta mostrando-se inquieta, nervosa e muito angustiada. Descreveu sua infância, a severa educação religiosa que recebeu e que a adestrou para o insucesso e para sentimentos de inferioridade. Pesava trinta e um quilos acima do peso normal, o que parecia ser uma compensação para as suas frustrações. Sofria de perturbações de atenção, era medrosa e preguiçosa.

Já nas primeiras horas, ela conseguiu relaxar bem. Após umas poucas sessões de hipnose, começaram a "surgir as imagens". Eram imagens caracterizadas pela vivacidade, pela coloração e por um simbolismo como raras vezes se encontra. Paralelamente às imagens, a Senhora R. deu-se conta de uma imediata liberação interior. No número das seqüências tão variadas e significativas, algumas chamaram especialmente a minha atenção.

De seu corpo soltou-se um novelo cinza-escuro que quando olhou de perto, ela percebeu ser de lã grossa. Este novelo começou a se desenrolar sozinho. A lã se tornava cada vez mais lisa e macia e, à medida que o fio corria para longe, se tornava mais claro. Por fim, toda a lã se organizou, passou a ser cinza-claro até ficar esbranquiçada e, finalmente, vermelho-alaranjado e juntou-se formando a imagem de um sol. Nesta sessão a paciente sentiu-se muito feliz e livre.

A imagem seguinte ocorreu no jardim da casa de seu avô. Ela viu-se neste jardim contemplando as velhas macieiras. Repentinamente, percebeu como poderia tirar de sua alma todas as dificuldades e angústias, enfiando-as dentro de sacos de linho branco; quando estes estivessem cheios, ela poderia pendurá-los, com a ajuda de uma vara com gancho, bem no alto de uma das árvores. Ficou um bom tempo ocupada com esta tarefa, de modo que a árvore acabou sendo enfeitada por todos os lados com aqueles sacos. Quando, totalmente livre e feliz, ela se sentou na grama para olhar sua obra; aproximou-se um temporal que, rugindo, carregou os sacos. Durante longo tempo ainda pôde vê-los no céu tempestuoso, até que sumiram ao longe, como pequenos pontos brancos. Também desta vez ela experimentou uma sensação de crescente felicidade interior.

A terceira imagem, muito significativa quanto a seu excesso de peso, ocorreu da seguinte maneira.

Ela se viu num círculo de colunas, como se estivesse num ambiente grego. Encontrava-se junto da primeira coluna, que ficava à sombra, e viu que a última coluna da fila estava banhada de luz. Enquanto observava, sentiu grande desejo de chegar até lá. Começou a fazer o caminho por etapas. Despediu-se da coluna escura perto de onde se encontrava e notou tratar-se de uma mulher velha e gorda. Rapidamente, dirigiu-se para a coluna seguinte e percebeu que a mulher velha já estava mais magra e tinha um aspecto melhor. Desse modo, esforçou-se para ir de uma coluna a outra e, em cada uma, via a mulher ficando mais magra e mais jovem e, ao mesmo tempo, ela própria se sentia mais leve, até que entrou na luz junto da última coluna. Viveu então o que desejava há muitos anos: sentiu-se e viu-se simultaneamente tão esbelta e jovem como já fora certa vez. Desde então, foi capaz de imaginar-se novamente como uma mulher jovem, esbelta e de boa aparência. Há anos não fazia mais isso e, toda vez que tentava, acabava com a sensação de estar ainda mais gorda e balofa, o que constituía para ela um opressivo pesadelo.

Desde que essa seqüência de imagens surgiu numa das sessões, solucionou-se seu problema.

Não há dúvida de que a Senhora R. ainda tem algumas coisas a fazer, mas, e isso é importante, é capaz de fazê-las sozinhas. Do meu primeiro livro ela escolheu uma série de sugestões que deixa fluir diariamente para o seu subconsciente durante os momentos de relaxamento.

Diversas sugestões recomendáveis

Fique quieto e reconheça que toda a energia está em seu interior.

Eu possuo grandeza cósmica.

Eu posso.

Eu sou.

Sou um ímã psíquico e espiritual que atrai tudo o que é bom.

Estou plenamente desperto.

Acordei para o bem e colho os frutos de todas as minhas possibilidades.

Estou convencido da legitimidade do que faço.

Estou interessado no bem-estar de todos.

Sou o milagre da vida.

Nasci para vencer.

Sou uma obra-prima de ilimitadas capacidades.

Sou uma manufatura de Deus.

Sou intuitivo.

Sou bem-sucedido porque tenho um objetivo.

Sou o canal pelo qual se realiza a criação.

Sou grato.

Estou unido a tudo que é bom.

A riqueza, o sucesso e o amor são estados interiores da minha consciência.

Crio para mim um novo céu e uma nova Terra.

Confio na minha direção interior.

O gênio acordou dentro de mim.

Atenho-me aos meus objetivos espirituais.

Cada idéia inexeqüível me envia duas possibilidades novas.

Estou com saúde e tenho idéias saudáveis.

Sou um homem alegre.

Sou consciência.

Meus pensamentos são criativos.

A vitória é minha.

Tenho muitos hábitos bons.

Hoje começo uma nova vida.

O que amo vem a mim.

Perdôo tudo: a mim mesmo e aos demais.

O meu presente é a base dos meus sucessos futuros.

Os meus desejos são os desejos de Deus.

Deus também me deu, ao lado do desejo, a energia para realizá-los.

O Pai e eu somos um.

Estou vivendo o renascimento espiritual.

Deus sabe que existo.

Deus me ama.

Cada ser humano é um elo de ouro na cadeia do meu bem-estar.

Estou com plena saúde.

A sabedoria divina determina minha ação.

Um com Deus sempre é maioria.

Para Deus e para mim tudo é possível.

Todos os canais estão livres e todas as portas abertas.
Desejo de todo coração o amor, a harmonia, a saúde e a felicidade.
O amor é a luz que me mostra o caminho.
Decidi-me pela felicidade.
Vivo no eterno presente.
Estou completamente relaxado, sereno e suave.
Sou plenamente eu mesmo.
Sou perfeito.
Sou livre.
A sabedoria determina a minha ação.

Aceite uma série dessas frases como sugestão diária. Caso prefira unir várias delas relacionadas entre si, poderá recorrer às propostas a seguir. No entanto, seria melhor se, de ambas as possibilidades, você mesmo fizesse as afirmações apropriadas às suas necessidades.

Eu me dedicarei, com muito prazer, ao trabalho de eventualmente corrigir a composição de sugestões. Essa será a contribuição que cada um deve oferecer ao bem-estar de todos.

É sempre bom manter contato com os que têm o mesmo pensamento, porque juntos caminharemos melhor.

Sugestões para sonhar

Dentro de mim há calma e harmonia. Saúde e prazer de viver fluem através de mim.

A sabedoria onipotente, onipresente e infinita que mora no meu subconsciente e na qual confio me dá segurança, força e energia. Ela me orienta no caminho certo, me deixa fazer sempre o que é correto e superar todas as situações com plena serenidade, além de sempre me apresentar uma solução adequada.

Irradio calma e segurança a meus semelhantes. Sei que meu subconsciente é bem-sucedido e que tudo que impregno nele com meu pensamento e fé se manifesta na minha vida. Ouço a minha voz interior que faz com que eu pratique sempre o bem. Sou sadio e bem-sucedido e sei que tudo o que eu semear com o pensamento, também colherei, pois a energia criativa do meu subconsciente transforma em realidade todo o âmbito de minhas imagens mentais. Semeio o bem e o que é certo, e minha vida se transforma para melhor.

Posso descobrir os meus talentos ocultos, na medida em que confio na orientação interior e declaro com plena convicção: toda a sabedoria do meu subconsciente me revela o meu verdadeiro lugar na vida, torna viáveis meus talentos e me abre também o caminho para melhor uso deles. Fico atento à sugestão desta orientação, que penetra de maneira clara e nítida em meu consciente. Disponho de extraordinárias aptidões que recebo do meu Eu superior e que coloco a serviço do bem-estar da humanidade. Trata-se de uma tarefa maravilhosa esta a que me entrego e pela qual dou e recebo amor, coragem e sucesso e com a qual obtenho, igualmente, de maneira honesta, um grande rendimento.

Sei que tenho sucesso. Consigo o que me proponho obter. Sou o que acredito ser. Sei que minha decisão honesta e convicção profunda terão conseqüências. Acredito nisso firmemente. A partir de agora, estou literalmente obrigado a ter uma vida bela e bem-sucedida.

Agora sei que Deus permite que eu atraia o parceiro certo, aquele que combina comigo espiritual, psíquica e fisicamente. A infinita sabedoria do meu subconsciente sabe onde está o meu parceiro ideal e me leva até ele.

Sou uma personalidade positiva, forte e única, que dispõe de maravilhosa irradiação e de poder de atração. O parceiro que me é destinado pela sabedoria divina tem saudade de mim assim como tenho dele.

Entre nós reina a harmonia e a paz, o amor e a confiança e compreensão mútuas. Conseguimos tudo por força de nossa fé na sabedoria toda poderosa, onipresente e infinita que nos é inerente e que une nossos corações e faz crescer o nosso amor. Harmonizamo-nos plenamente em espírito, alma e corpo.

Sou livre, aberto, terno e acessível, e dedico, de todo coração, minha total atenção a esses pensamentos; apóio-me e creio neles, confiando firmemente em que meu subconsciente os realize. Deus atende aos meus desejos.

Penso e atuo orientando-me pela norma da camaradagem amistosa por meus semelhantes. Desta forma, obtenho a harmonia equilibrada e a paz interior. Pratico o amor e a benevolência. Minha confiança nas energias interiores inesgotáveis de meu subconsciente me deixa seguro e me faz alcançar êxito em todas as situações que tenho que enfrentar na vida. Acredito que as bênçãos que já vi em meus sonhos mais ousados se derramarão sobre mim!

Sou seguro, resoluto e acredito piamente que vou encontrar o verdadeiro lugar que me cabe na vida. Levo uma vida harmonicamente equilibrada, cheia de saúde e de paz interior, nas mais favoráveis circunstâncias financeiras, ao lado de um companheiro cuja formação espiritual, mental e física combina perfeitamente com a minha. Acredito na efetivação dessa imagem mental do meu eu superior, e acredito que *Deus cuida de mim*. Minha alma está repleta de amor.

Meu corpo está inteiramente quieto e relaxado. A respiração é leve, calma e profunda. Cada inspiração flui acompanhada de nova energia para o meu corpo e me enche de harmonia. Minhas pernas, meus braços e todo o meu corpo estão completamente relaxados. Deixo acontecer, me desapego. Meu corpo, meu espírito e minha alma estão em total harmonia com o cosmo.

Deixo que minhas forças inconscientes atuem para mim. Estou cheio de amor e este amor flui para todos os seres humanos do meu meio ambiente.

Sinto-me livre e posso lidar com todos os outros seres humanos. Estou com saúde, sou paciente e tenho confiança em mim mesmo, porque meu corpo e meu espírito farão tudo o que o meu inconsciente (minha voz interior) achar que está certo. Ouço minha voz interior, porque sei que ela é a voz de Deus. Ela me indicará o caminho certo e sempre estará presente. Tenho paciência e confio nessas energias interiores.

Deixo acontecer, acontece através de mim. Estou com saúde, contente e cheio de alegria. Sou como um ímã que atrai tudo o que é bom. Tudo me dá prazer e alegria, tudo me interessa, estou aberto a tudo. Vejo o que se passa ao meu redor, ouço conscientemente os seres humanos, porque me interesso por eles. Agora é fácil me concentrar. Por isso é fácil aprender tudo o que escuto, leio ou vejo e posso me lembrar de tudo a qualquer hora e em qualquer lugar. Minha memória funciona sem falhas. Onde quer que eu vá ou faça o que fizer, em cada situação agirei corretamente. Minha alma está repleta do amor de Deus.

Tenho facilidade em levar tudo o que começo até o fim e isso me dá prazer. Todos os meus desejos se realizam. A voz de Deus me indica o caminho correto. Tenho confiança na infinita sabedoria do meu inconsciente. Sou uma personalidade forte. O amor e a harmonia me pertencem para sempre.

Creio que Deus buscou alguém que, dentro de si mesmo, fosse bem pequeno e fraco, para usá-lo a fim de que recebesse todas as honras: e foi aí que Ele me encontrou!

Certa vez, o Dr. Murphy me disse que uma afirmação utilizada diariamente por ele teve o efeito de causar-lhe uma grande alteração. Durante décadas, ele repetiu para

175

si mesmo: "Ó, meu Deus, como Te amo!" Disse-me ele: "Repeti tanto tempo esta oração até que O amei; Deus veio a mim". Reconheça você também o fundamento da sabedoria contida nesta sentença: *encontramos o que amamos*.

As sugestões não deveriam ser feitas para um fim específico, individual. Talvez isso não seja fácil compreender, no início, porque você se sente como um indivíduo. Mas, no curso do desenvolvimento do homem, sua relação se modificará a partir da individualidade de sua personalidade, devagar e incessantemente, rumo à "universalidade".

Tudo o que faz parte do ego do indivíduo, é, se analisado em profundidade, uma limitação e constitui um impedimento. A evolução é a seleção de bom para melhor, e, enquanto essa escolha ocorre no nível material, ela é individual. Mas, quando o homem desperta espiritualmente, nasce então uma nova qualidade de princípio universal. O homem aproxima-se agora, com sua existência, do princípio espiritual que descrevemos como "Deus". E Deus não é um indivíduo; Ele é universal.

Ele não é um Deus pessoal; por isso, segundo diz a Bíblia, não pode contemplar a pessoa.

Nossa lei de trânsito também não pode ser individual, porque visa manter a ordem geral e, por isso, deve ser universal.

Meu livro *O subconsciente, fonte de energia* contém, em parte, sugestões pormenorizadas. O livro citado é um elo importante para a compreensão do presente. Caso você ainda não o conheça, recomendo-lhe sua leitura, com as palavras do Dr. Murphy, que assim se manifestou sobre ele, gracejando: "Se você não ler este livro, não poderá chegar ao céu!"

Elabore uma coletânea pessoal das sugestões de ambos os livros tal como lhe parecer mais oportuno para o momento.

Energia sexual é energia vital

Uma paciente de Hamburgo, com graves traumas de infância e maciças perturbações psicossomáticas, contou-me que tinha sido xingada de pecaminosa e de inferior ao ter a primeira menstruação, na escola do convento.

As mulheres católicas freqüentemente sofrem com essa opressão psíquica. Em última análise sou contra qualquer tipo de castigo, mas, em tais casos, bem que gostaria de reintroduzir o castigo corporal para esses "educadores".

Por favor compreenda a minha reação enérgica, mas, como psicoterapeuta, assisto quase todos os dias a vinda de pessoas provenientes de todos os níveis sociais que procuram encontrar uma solução para os seus dilemas e para as confusões provocadas pela falsa educação sexual. Continuamente diagnosticamos as mais graves perturbações psicossomáticas, que podem ser atribuídas exclusivamente à sexualidade malcompreendida.

Simplificando, a necessidade básica do ser humano reduz-se à comida, bebida, sono e sexo. A terça parte da existência humana, de sua energia, encontra-se na esfera do sexo, o que torna mais do que evidente que, sendo perturbada, a sexualidade provoca um intenso bloqueio.

A energia sexual é uma energia vital. Qualquer impedimento ou limitação da sexualidade será simultaneamente uma restrição da vida. Um padre a quem se proíba o exercício da própria sexualidade será por conseqüência forçado também a negá-la; e essa negação em seu interior se revelará obrigatoriamente no exterior, em sua manifestação. Em seu relacionamento com jovens, essa negação não pode deixar de manifestar-se. Como essa negação lhe é imposta, ele não pode falar livremente de maneira positiva sobre sexo. Apenas quando tal restrição for eliminada, o largo fluxo da vida voltará a fluir através das igrejas.

A ignorância, todavia, só pode morrer na medida em que nos tornamos mais inteligentes. A demência do homem só acabará com sua iluminação. Oremos, pedindo que também quanto a este aspecto termine a "Idade Média" e que penetrem novos pensamentos, construtivos e afirmativos na vida dos homens.

A educação significa ajuda para a autodescoberta

A ameaça do castigo continua a ser o método educativo aplicado com maior freqüência. O castigo gera temores e estes são como carrapichos que grudam na roupagem psíquica. Se os tirarmos, também podemos nos livrar deles. Aquele que sente dentro de si esses carrapichos do medo talvez possa ter fé na teologia ou na religião, mas não terá nenhuma fé com que vencer no dia-a-dia. Essa pessoa tem uma fé intelectual, mas, em sua vida, reina o caos. A mensagem de amor da Bíblia foi aceita sentimentalmente por ela, porque ninguém lhe transmitiu o seu conteúdo espiritual. Nesse ponto, é dever dos nossos teólogos falar sobre o amor de Deus aos homens, de tal maneira que ele se torne compreensível e possa ser *experimentado*. Experimentar o amor de Deus leva a uma atitude sadia e ao respeito da divindade dentro de nós, àquela energia espiritual que nos criou. O que pensamos sobre nós mesmos pensamos de Deus, porque o Pai e eu somos um.

Conseqüentemente, nunca fundamente sua confiança em dogmas ou instituições, mas exclusivamente na única base certa da vida, o espírito onipresente que existe dentro de você.

Mantenha uma relação respeitosa e sadia com sua divindade, do mesmo modo que com o seu companheiro de vida e com os outros seres humanos, e você se sentirá aconchegado e em segurança.

Só a falta de confiança intelectual é que gera medos e insegurança. O intelecto duvida, questiona; não entende nada de fé. Religião deve ser uma filosofia prática e estar em condições de indicar o caminho para uma vida realizadora e fecunda.

A religião é uma filosofia prática e o religioso, um filósofo prático. O amor é a forma mais elevada de religião. Uma proposta para hoje: ore outra vez. Orar é uma forma passiva de *dizer presente* para Deus, é entregar-se à Sua vontade! Orar é a comunicação do homem com o infinito! A oração de São Francisco de Assis parece-me tão maravilhosa que me leva a recomendar que você, querido leitor, a leve para a sua alma durante algumas semanas:

Senhor, fazei-me instrumento de vossa paz.
Onde houver ódio, consenti que eu semeie amor;
Perdão, onde houver injúria;
Fé, onde houver dúvida;
Esperança, onde houver desespero;
Luz, onde houver escuridão;
Alegria, onde houver tristeza.
Senhor! Permita que eu não procure
Tanto ser consolado quanto consolar;
Ser compreendido, quanto compreender;
Ser amado, quanto amar.
Porque é dando que recebemos;
É perdoando, que somos perdoados.
E é morrendo que nascemos
Para a vida eterna.

Diz-se que para orar não são necessárias palavras e que muito menos devemos implorar ou mendigar. Orar é afirmar algo e, se você o fizer sem palavras, a oração se manifestará com a imagem espiritual do que deseja. Afirmar é o oposto de negar. Aprenda a dizer "sim" a si mesmo e à vida e essa atitude se manifestará através de você em mil fenômenos positivos. Para tudo que afirmar você exercerá a atração correspondente. Com essa atração, você evoca o que não existe e, desse modo, a oração o modifica primeiro e mais tarde, de modo indireto, ao seu mundo.

Após a realização de uma oração, o mundo parece mudado, mas só você se transformou; o mundo permaneceu o mesmo.

Acreditei por muito tempo que os conventos fossem um oásis de improdutividade, até que reconheci que a oração que neles se pratica é a mais elevada forma de atividade criadora.

Com a apresentação de diversos casos, procurei fazê-lo compreender que é possível influenciar o subconsciente. Com uma atitude modificada diante da vida e mais dedicação a si mesmo será muito fácil alcançar *todos os objetivos* dentro de pouco tempo. A primeira condição é *ter um objetivo*!

A segunda é convencer a você mesmo de que a realização de seu desejo pertence a você por lei!

Se achar que algum dos exemplos que apresentei corresponde a um estímulo às suas necessidades, não hesite em passar da teoria à prática. Caso necessite de ajuda, procure um hipnoterapeuta idôneo. Se tiver dúvidas, também pode escrever para mim.

O ciúme é um veneno destrutivo de grande efeito perturbador

P., um esposo ciumento, persuadiu-me a hipnotizar sua mulher a fim de descobrir, no estado hipnótico, a verdade sobre o seu suposto amante. A pobre mulher até já concordara com a presença do marido à sessão para comprovar sua própria inocência. Não houve argumento capaz de convencer o homem de que a hipnose não é um meio apropriado para extrair informações íntimas de um ser humano. Assim sendo, eu quis ao menos aproveitar a sua presença para uma conversa de caráter terapêutico e recomendei-lhe que viesse com a esposa.

Tomei conhecimento das acusações que ele levantara contra ela, no decorrer de longos anos, e que tinham sido acentuadas ainda mais pelo falatório dos colegas. O marido ciumento chegou até a admitir que contratara um detetive particular, mas que este se retirara do caso sem querer dizer nada de definitivo.

Com o rosto marcado pelo desgosto, a mulher me confessou depois que as acusações de seu marido eram simples imaginações alucinadas com que a perseguia há vinte anos, a ponto de ela já ter desejado o suicídio. Ela nada tinha a temer; deixar-se-ia hipnotizar a qualquer momento e se submeteria também um a detector de mentiras.

Fomos, afinal, para uma sala de tratamento. A Senhora P. entrou muito rapidamente em estado hipnótico, como me revelaram os testes dos olhos e dos braços. (Os braços levantados permanecem no ar até que o paciente receba uma sugestão oposta e os olhos não podem se abrir). Em se tratando de uma primeira hipnose, era excelente, coisa que eu quase não ousava esperar e um fato que me convenceu ainda mais da inocência da atormentada mulher.

Comecei a perguntar-lhe sobre momentos particularmente felizes de sua vida e sobre as pessoas que estavam com ela nessas ocasiões. Em todas as situações descreveu acontecimentos de que as crianças e o marido participavam. Somente quando ela precisava de ajuda, o marido não estava presente.

Por fim, transportei-a mentalmente para uma aldeia a fim de ali buscar pessoas de quem pudesse esperar receber consolo e apoio em todas as situações da vida. Poucos segundos depois, caiu em choro convulsivo e, antes que eu conseguisse tranqüilizá-la, desatou a dizer que estava procurando o marido e toda vez que acreditava tê-lo encontrado, ele se escondia atrás de uma das casas.

Com muita cautela, trouxe a Senhora P. de volta à realidade. Acalmou-se depressa e recuperou a atitude resignada que mantinha há tantos anos.

O marido, que estivera presente o tempo todo, também chorou. Retirei-me de mansinho do quarto. Depois de um lapso de tempo, os dois saíram de braços dados. Ele me agradeceu com lágrimas nos olhos e, no meio de tudo, disse-me: "Eu estava precisando de uma ducha".

Esse foi um dos poucos casos em que, por meio da hipnose, consegui obter resultado para a outra pessoa, a que não estava sendo hipnotizada.

Como não deve ser

Lembro-me do caso de um dentista que, no interesse pela hipnose, e também para aumentar seu próprio prestígio, fazia experiências com os pacientes. Portanto, também lhe dei meu consentimento, pois não podia prever o choque que me estava reservado.

O dentista pôs-me então em hipnose, tendo eu chegado rapidamente a um estado relativamente profundo. Após certo tempo, ele disse que iria me despertar e que quando batesse palmas, eu voltaria imediatamente à plena consciência.

Nesse estado altamente sensível, a batida das palmas tem o mesmo efeito brutal de um choque elétrico. Passei mal ainda durante dois dias, e só com repetidos treinos autógenos consegui desfazer as crispações produzidas pelo choque.

A hipnose deve ser um caminho suave para o "self". Essa experiência foi muito importante para mim, porque me fez ver que aquele que realiza experiências com a hipnose ainda pode estar longe de ser realmente capaz de lidar com ela.

A introdução no estado hipnótico deve começar de modo muito suave e com grande sensibilidade, e a volta à consciência real deve ser feita da mesma maneira. A norma é que o despertar tem de durar o mesmo tempo que a introdução.

Ao citado dentista interessava o "efeito de espetáculo", atitude que um bom terapeuta não deve ter.

Se você se deparar com um terapeuta de idéias semelhantes procure outro ou escreva para mim; talvez eu possa ajudá-lo dando-lhe o endereço de um colega na região em que reside.

Uma infância repleta de proibições e repressões

Veio me procurar um advogado recém-formado que, após enorme atividade de estudos, não tinha mais nervos para trabalhar em sua profissão. Estava tão nervoso e tão cheio de medo de fracassar que, com as mãos suadas, a voz entrecortada e ruborizando-se constantemente, mal conseguia descrever as suas preocupações.

Tratava-se de um exemplo vivo do que as escolas de autoridade rígida e disciplina férrea podem causar.

A descrição de sua infância era uma história de opressão, proibições e injustiças.

Na hipnose, tornou-se consciente de que tinha uma energia espiritual radiante, da qual poderia dispor livremente e sem impedimentos. Recebeu a seguinte sugestão:

"Dentro de mim reina plena harmonia. A mais alta sabedoria que flui do meu centro me torna forte e seguro na vida. Sinto-me profunda e intimamente ligado ao meu 'self'. Pouso dentro de mim. Estou cheio de energia elementar. Ela me torna forte e carinhoso. Amo a mim mesmo, amo a minha vida, amo aos meus parentes, aos meus amigos, e a todos os outros seres humanos. De mim se irradiam o amor, a bondade e o equilíbrio. Recebo do meu ambiente dedicação e reconhecimento. Sou bem-sucedido em minha profissão e sou um representante específico da justiça. Todos respeitam e estimam a minha personalidade e meu enorme conhecimento profissional. Os juízes prestam atenção à minha exposição e reconhecem a legitimidade da minha defesa".

Depois de seis semanas, ele completou o tratamento como um jovem consciente de si que descobriu a essência de sua vida. Faz algumas semanas, li pela primeira vez um artigo a seu respeito num jornal do Sul; num processo espetacular, conseguiu livrar um constituinte de alguns anos de prisão.

Por ocasião da despedida, dei-lhe ainda o endereço do Dr. Dietrich Weller, um jovem médico extraordinariamente talentoso de Leonberg, com a recomendação de que entrasse em contato com ele, caso precisasse de respostas para outras perguntas. O Dr. Weller me havia sido descrito inúmeras vezes pelos meus pacientes, como um médico de mentalidade esotérica que não recorria, dentro do possível, a receitas, mas dispunha do tempo necessário para ajudar os seus clientes com conselhos que eles compreendessem.

Algum tempo depois, tive a oportunidade de conhecer o Dr. Weller em alguns dos meus seminários. Ele pertence àquela geração nova de médicos que milhares, senão milhões, de pacientes há muito tempo aguardavam.

Os problemas são circunstâncias amigáveis

A Senhora Elisabeth B., de 36 anos e mãe de dois filhos, vivia sempre o prenúncio da chegada dos seus medos pela "sensação de globo"; parecia que uma bola ficava repentinamente entalada em sua garganta e todo o seu corpo lhe dava a sensação de ser "gigantesco". Medos recalcados e traumas de infância desenvolveram nela o medo de ter medo.

Quase não ousava mais sair de casa; acordava com freqüência à noite e permanecia horas a fio torturada por receios imaginários. Estava há quatro anos sob tratamento psiquiátrico e tomava tranqüilizantes. Comecei reduzindo a quantidade diária destes. Durante longo tempo, ela não conseguiu relaxar, tendo continuamente dúvidas sobre a possibilidade de ser ajudada, até que, finalmente, na terceira semana, o bloco de gelo das suas idéias negativas começou a se dissolver.

As palavras de harmonia e estabilidade interior sugeridas a seu subconsciente trabalhavam como pequenas folhas de ouro pacientemente reunidas. A fé na saúde tornou-se pouco a pouco maior que a crença na doença. E é justamente isso o que o subconsciente tem que decidir: qual a opinião que "pesa mais" para você quanto a determinada coisa ou situação? Se acreditar que terá saúde, você a terá. Duvide da saúde (a dúvida é a crença de que não vai dar certo) e não haverá saúde.

Os medos da Senhora B. fizeram-na duvidar de tudo e crer que nada de bom lhe aconteceria.

Após cerca de três semanas de tratamento, começou a ficar visivelmente mais alegre e mais desenvolta na convivência comigo e com meus colegas de clínica. Na criação das suas imagens catatímicas surgiram repetidas vezes certos agrupamentos. À direita, ela via vacas malhadas de negro (esfera racional), à esquerda, crianças brincando (esfera emocional) e em frente um lago cercado de margens escarpadas (o "self" aprisionado). Disso resultou o problema do primeiro plano: a discrepância aparente de seu trabalho numa empresa (vacas pretas = visão negra de sua maternidade) e o esforço pelos filhos. O divórcio lhe havia roubado toda a autoconfiança.

A partir daí, começou, devagar mas continuamente, a melhorar. Na hipnose, ela descobriu o acesso para o centro de si mesma. Seus sentidos e sentimentos de fuga acalmaram-se cada vez mais. Quase no fim do tratamento, ela me declarou: "A bola na garganta desapareceu e já pude dormir três noites sem perturbações".

Os medos que não encontram uma válvula de escape podem desenvolver extremas perturbações na esfera psíquica, espiritual e física. Uma sabedoria fundamental diz: *Aquilo que você reprime, adquire domínio sobre você*. Não se desvie dos medos, porque eles lhe revelarão um ponto fraco de sua personalidade, que não deveria continuar a contornar. Considere o medo como um problema cuja solução lhe traz, como conseqüência, uma constatação muito importante. Por necessitar desse conhecimento, você mesmo atraiu o problema. Encarados desta perspectiva, os problemas são amigos e servem de trampolim ao consciente.

Pseudo-epilepsia por medo

Anita, uma adolescente de quatorze anos, passou a sofrer de um autêntico choque devido às constantes "tormentas" entre os pais. Os medos geraram nela convulsões, perturbações da memória e prisão de ventre. Havia quatro anos um médico vinha receitando comprimidos para as repetidas convulsões.

No consultório, Anita freqüentemente me dizia que era torturada por dores de cabeça e que não conseguia se concentrar nem um pouco.

Recomendei à mãe que ela própria tomasse os comprimidos citados. No outro dia, ela me contou que quase havia morrido de dor de cabeça. Agora,verificando pela primeira vez esse fato depois de quatro anos, esse médico também ficou com escrúpulos e concordou em reduzir o remédio aos poucos.

Muitas vezes a epilepsia é a válvula de escape para os sentimentos represados. Minha suposição de que os sintomas de Anita se originavam do acúmulo de temores em sua psique se confirmou após a primeira semana de terapia.

A prisão de ventre que tinha durado anos desapareceu, a evacuação tornou-se normal e regular. Durante as três semanas de tratamento, Anita só teve um único ataque, logo na segunda noite que passou no hotel e depois nunca mais voltou a sofrer deles. Essa experiência corroborou minha aversão a qualquer remédio tranqüilizante.

Um choque devido a um acidente

Um tipo diferente de bloqueio espiritual apareceu num paciente da Bavária. Alguns anos antes, ele sofrera um choque devido a um acidente. Ao que parece desde então ficou sofrendo de perturbações de irrigação cerebral; tornou-se abúlico, desencorajado, incapaz de se concentrar e, como pior conseqüência, havia em seu cérebro um eco, como se as palavras e ruídos se reproduzissem na parte posterior da cabeça. Tornou-se irritadiço e certa vez até quis matar a esposa.

Em pouco tempo, a terapia pela sugestão proporcionou-lhe maior calma interior. Aprendeu mesmo a nutrir pensamentos carinhosos em relação à mulher e a reconciliar-se com ela.

Na segunda etapa da terapia, com a regressão aos acontecimentos passados, seu acidente automobilístico foi especial e sucessivamente tirado das profundezas reprimidas de seu subconsciente. Aos poucos, ele começou a aprender a aceitar o horror do acidente e a admiti-lo como um fato de seu passado. Após tê-lo revivido umas dez vezes, o acidente passou a ser apenas um "acontecimento". Em vista disso, conseguiu, afinal, relatá-lo em minúcias sem se abalar emocionalmente e me disse: "Creio que agora isso está praticamente liquidado e já não me prejudica mais".

E assim foi de fato; aquilo não o prejudicou mais. O medo causado pelo acidente foi dissolvido e isso fez com que desaparecessem os bloqueios existentes no corpo físico. Não importa de que natureza seja o medo; ele sempre provoca, na esfera psicofísica do homem, tensões que, por sua vez, produzem bloqueios dos mais variados. E esses bloqueios, de acordo com sua natureza, geram progressivamente novas tensões, criando um círculo vicioso.

Em tais casos, a ajuda só é possível através do confronto com a situação geradora do medo. Tendo encontrado a causa, o treinamento planejado de relaxamento, descontração e dedicação à harmonia interior é o meio que capacita o paciente a eleger seu aspecto positivo.

Seis meses mais tarde, Alois M. escreveu-me uma carta amável dizendo que seus sintomas haviam desaparecido sem deixar vestígios e que se sentia extraordinariamente bem. A esposa acrescentou um pós-escrito: "Estou muito grata; tenho um novo homem!"

O mundo dos agentes secretos

Certo dia, um "agente secreto" quarentão veio ao meu consultório. A primeira coisa que me pediu foi que minha secretária vigiasse a escada da casa desde o portão, porque estava sendo vigiado pela KGB, a CIA e outros. No meio da conversa, repentinamente deu um salto para abrir uma porta de um golpe e verificar se não havia alguém escutando pela fechadura ou se poderia continuar falando sem ser molestado.

Sofria de mania de perseguição. Um complexo de medo do mundo à sua volta se ampliara até aquela mania. Como em todos os comportamentos forçados, manias de limpeza, neuroses causadas por coações e pesadelos, a autoconsciência dessas pessoas é abalada de tal modo que tudo e todos parecem estar contra eles. A confiança, a calma interior e o sentimento de aconchego são reprimidos para as profundezas do subconsciente. O que resta é o medo explícito que leva à mania de perseguição ou até mesmo ao suicídio.

Um extremo complexo de inferioridade engendra a imaginação de que todos os poderes do mundo se voltam para ele. Ele sente que é muito importante; onde quer que ande, os homens olham para ele e sabem que é um ser muito especial. Os poderosos do mundo gostariam de chantageá-lo para obrigá-lo a trabalhar para eles, por isso tem de ser muito cauteloso. Seu medo é justificável, mas ele se considera mais esperto do que os demais.

Meu paciente tinha uma ligeira idéia de que seu papel não era inteiramente verdadeiro; nas três horas de conversa comigo, reconheceu que talvez, às vezes, algumas das coisas que contou fossem um tanto diferentes.

Depois de poucas horas de tratamento, já conseguiu entregar-se bem à hipnose. Na segunda etapa, a da regressão, voltaram a seu consciente também as situações objetivamente comoventes. No período escolar de sua infância, fora muitas vezes castigado duramente pelo pai, inclusive no pátio do colégio. O pai era alcoólatra e o menino servira como o pára-raios mais apropriado para a agressividade típica dos alcoólatras. Até então nunca havia falado sobre isso. A mãe, mais forte do que o pai, tinha sabido se defender, de modo que ele, sendo o único filho, fora muitas vezes sumariamente abatido pelo pai.

Num outro dia, meu paciente relatou uma situação trágica, profundamente arraigada dentro dele. Aos nove anos, a caminho da escola brigara com um dos colegas que o acompanhavam, fato que ocorria com freqüência. Os garotos empurravam-se para lá e para cá, e ora um, ora outro, cambaleava na direção da rua. Com um empurrão particularmente forte que ele dera no colega, este caiu na rua bem embaixo de um caminhão de carga que passava naquele momento. O garoto morreu imediatamente, "triturado", segundo sua expressão. Ninguém testemunhara o acidente, de modo que ninguém lhe exigiu que prestasse conta do que fizera.

No entanto, ele se sentia culpado. Nos meses seguintes, sonhou repetidas vezes com o acontecimento, vendo os grandes olhos acusadores do colega morto, e, certa vez, ouviu também a voz do garoto dizendo: "Você me matou!"

Nos meses e anos seguintes, tentou esquecer, reprimir aquela experiência. Como já dissemos em outros capítulos, *tudo que reprimir adquire poder sobre você*. Os castigos públicos do pai já haviam minado a dignidade do garoto e este era um dos motivos pelos quais ele não soube como agir por ocasião do horrível acidente a caminho da escola. Michael não tinha a confiança, a energia interior para encarar espiritualmente a ocorrência.

Agora estava aqui como paciente e me perguntava se poderíamos ajudá-lo. Muitas vezes é difícil para o terapeuta decidir se um caso desses será tratado melhor numa clínica psiquiátrica ou se basta um tratamento ambulatorial. Há o risco de que uma psicoterapia não quali-

189

ficada transforme a mania de perseguição numa psicose capaz de constituir uma ameaça pública, ou levar ao suicídio.

No presente caso, tive a sensação que podia ajudar. Como primeiro passo, marcamos uma sessão de aproximadamente meia hora a título de experiência: com base nela eu poderia estabelecer se o paciente era capaz de um relaxamento mais profundo ou se, no decorrer deste, surgiriam temores tão intensos a ponto de causar o risco de uma alarmante escalada. Tivemos sorte; ele era capaz de se soltar; dentro em pouco sentia-se melhor e queria permanecer ali.

Depois de quatro semanas de terapia, merecia, na verdade, um nome novo; estava tão mudado que, conforme me disse, até mesmo as pessoas que o conheciam bem tinham que olhá-lo três vezes e ainda lhe perguntavam: "Não nos conhecemos?" Ele estava radiante, ria de seu triste passado, quase esmagou a minha mão ao se despedir e voltou como um homem feliz para o seu dia-a-dia. Michael, como nos permitiu chamá-lo, entregou-se com enorme afã ao estudo das leis espirituais. Sua inteligência natural reconheceu rapidamente a tendência básica do pensamento construtivo e começou imediatamente a aplicar também o que tinha aprendido. Não é preciso nada mais além disso.

Para Michael havia chegado o tempo da transformação. Aquele que veio algumas vezes a conhecer a energia da fé transformadora do mundo e o poder do espírito e dos pensamentos construtivos nunca mais deixará de continuar trilhando esse caminho.

Passados seis meses, ele nos enviou um cartão postal de Los Angeles, com uma frase recebida em hipnose: "Ter felicidade não é uma questão de sorte, mas o resultado de uma ação conseqüente. Com amor a todos vocês, seu Mike!"

Existe um único pecado

O maior pecado é ignorar as leis de Deus. O resultado é tão múltiplo quanto o do medo, que tem mil aspectos. Os sentimentos de culpa dos jovens, causados por padres fanaticamente religiosos, levam às vezes a graves aberrações, sobretudo na vida sexual.

Um comerciante de trinta e seis anos que, em toda sua vida, nunca mantivera uma relação sexual, mas que se masturbava desde os dez anos, sofrera aos dezenove anos um grave choque, quando, no encerramento dos estudos, um padre conjurou o castigo de Deus para todos os pecadores sexuais, dizendo que o homem não deveria descer ao nível animal e entregar-se à sua sexualidade, salvo se quisesse gerar um filho. Esta não é a opinião apenas de um padre sexualmente frustrado, mas parte absoluta da doutrina até as décadas de 50 e 60. Falei com muitos padres sobre este tema e tenho a impressão de que atualmente a Igreja tem uma interpretação bem mais ampla e liberal quanto à educação sexual. De um modo muito simplificado, as necessidades básicas do homem podem reduzir-se à alimentação, bebidas, sono e sexo; conseqüentemente, é fácil compreender que, quando se nega a satisfação de uma dessas quatro necessidades fundamentais, surgem graves perturbações. Ao contrário do animal, o homem pode sentir alegria e prazer no contato sexual e isso a sabedoria da criação nos deu de presente ao nos fazer homens. Algo que é dado pela natureza, isto é, que é natural, não deve ser considerado "pecado". O sexo é uma porta pela qual a alegria nos visita; vamos recebê-la.

Voltemos ao comerciante a que nos referimos. Em conseqüência do choque que sofreu, caiu prisioneiro de uma irresistível mania de limpeza, querendo, desse modo, limpar-se dos sentimentos de culpa provocados pela masturbação. Havia dias que consumia até sete sabonetes e gastava de oito a doze horas diárias com suas duchas! A mania gerada por sua condenação da sexualidade começou a ser tornar perigosa, porque, em muitos dias, ele não conseguia fazer mais nada salvo tomar duchas... De manhã, às sete horas, ducha; à noite, uma última ducha e depois. . . cama.

Para uma neurose tão adiantada, a medicina acadêmica nada tem a oferecer além da internação e da "tranqüilização" através dos calmantes. Até a psicologia dispõe de muito poucas possibilidades de ajuda efetiva a fim de que o paciente sinta em pouco tempo algum alívio; e, justamente os casos de mania de limpeza, é que também exigem o máximo da hipnoterapia. Só a férrea vontade do paciente para comparecer diariamente à terapia e a máxima dedicação do terapeuta oferecem, neste caso, uma chance de êxito.

Meu paciente só veio me procurar uma vez para contar as aflições que o pressionavam. Sua energia já não bastava para resistir, por mais tempo, ao impulso de tomar uma ducha.

Oito dias depois da primeira consulta, sua mãe me telefonou e, com voz embargada pelo choro, contou-me que o filho se suicidara. A terapia tinha vindo tarde demais; ele esperou demais para procurar ajuda...

Tudo isso foi causado pela ignorância das leis espirituais, que dizem claramente: *Tudo é bom; o mal só existe nos olhos do observador*.

Como dom de nossa condição humana, recebemos do Criador a "capacidade de pensar". Aceitemo-la, pois!

Usemos essa capacidade única! Ignorando a capacidade de pensar a partir da perspectiva divina, voltaremos outra vez ao nível anterior à humanização. A maioria das pessoas de hoje tem problemas com o raciocínio; esse lhes parece arriscado. Quando já não há mais jeito, pode acontecer de as circunstâncias obrigarem a pessoa a pensar, pelo menos *posteriormente*. Mas isso também não representa mais um raciocínio no sentido do pensamento criativo. Pensar depois é como ficar sentado sobre um monte de destroços refletindo sobre como se poderá evitar esse resultado da próxima vez.

O raciocínio correto, criativo e construtivo deve ser pensar *antes, planejar* com certeza. Pensar antes leva mais depressa ao objetivo visado do que *pensar depois*.

Aquele que reflete sobre seu suposto pecado sexual quase sempre já passou por algumas más experiências.

O pensamento posterior costuma ser o resultado da satisfação no que se refere a este acontecimento. Tente pensar *antes* a fim de certificar-se de alguma coisa, trate de perscrutá-la espiritualmente. A sexualidade lhe foi dada; trata-se de uma dádiva de Deus. É um presente de natureza primordial e, por isso, em princípio também é "boa". Só a sexualidade reprimida conduz a perversões e aberrações e, nesse sentido, a Igreja se carregou de muita responsabilidade. O sexo é o diálogo do homem com a natureza por intermédio da mulher e o diálogo da mulher com a natureza através do homem.

O sexo deve ser compreendido como uma interação dos princípios espirituais "yin" e "yang".

Pela união consciente de dois seres humanos espiritualmente despertos, a sexualidade pode ser a porta para a meditação. Através do sexo pode nascer o amor e este é o florescimento rumo à divindade.

A sexualidade inconsciente é o encontro de dois corpos.

A sexualidade tornada meditação é o encontro de duas almas, que leva da dualidade à unidade. Ela satisfaz nosso desejo de unificação e de fusão com Deus e n'Ele.

Deus tem tanta saudade dos homens como estes também têm d'Ele, porque sem nós, os seres humanos, Deus não existe e nós não existimos sem Ele. Pela criação do homem, Deus se vivifica, Ele vive através dele. Nossa visão corrente do mundo e os conhecimentos da humanidade resultam de nossa separação de Deus. Toda a nossa filosofia, todo o nosso saber e conhecimento são uma mera tentiva de superar, através da explicação, nossa dualidade, que é a separação de Deus. Por conseguinte, o que nos separa e distingue de Deus é a nossa filosofia e explicação e o nosso constante desejo de conhecimentos.

O místico ou iluminado é aquele que está além de tudo isso e que reconhece a própria ignorância. O místico reconhece que todo o seu conhecimento foi criado pelo anseio de superar o abismo entre ele e Deus. Mas reconhece também que essa maneira de buscar Deus pelo conhecimento o manteve, na verdade, longe de Deus, porque, quando vive de conhecimento, o homem, de certo modo, mente a si mesmo. O conhecimento pode ser apenas uma ponte para o reconhecimento do que realmente existe.

Um sábio pode fazer ou deixar de fazer o que quer, porque isso não o atinge mais. Enquanto você se apegar ao que faz, isso o atingirá, independentemente do resultado da sua ação!

Deus não é um Deus individual; por conseguinte, quem estiver apegado ao individual está longe de conhecer a Deus. O deus da formiga será sempre uma formiga. O Deus do homem individual se apresentará sempre como um indivíduo. O Deus daquele que está aprisionado à consciência do "ego" será forçosamente o "você" e a causa de tudo isso é o pecado original, que é o abandono da unidade com Deus, que fez surgir um Deus separado de si mesmo.

A célula é um fragmento do homem, mas não é o homem; no entanto, há no interior da célula uma miniatura perfeita do homem. Também na gota d'água já existe o oceano inteiro, só que esta não sabe disso.

Tal ignorância nos separa, *célula ou gota d'água, da unidade*.

Só depois que o microcosmo e o macrocosmo passarem a ser *um* dentro de nós é que terminará nossa separação de Deus.

O microcosmo e o macrocosmo não são duas entidades separadas, mas reflexos de uma e da mesma coisa. A gota d'água passa a ser oceano no momento em que renuncia à sua polaridade, deixa de acreditar que está separada do todo. Ela não precisa mudar-se nem ir a parte alguma para ser oceano; a natureza do que almeja está dentro dela. Quando deixar de se ver como gota d'água, se tornará oceano.

É o nosso raciocínio polarizado que nos separa de Deus e não a necessidade de nos transformarmos para sermos diferentes. Deus não é bom nem mau, nem rápido ou lento, alto ou profundo e também não está nem morto nem vivo. Ao contrário dele, tudo que é criado tem dois lados ou dois extremos e produz, de acordo com a aplicação subjetiva, o bem ou o mal. Deus não, por isso Ele é indiscutível. Nele não há pró ou contra. Por conseguinte, Ele é a *única* coisa "inexistente" na criação.

Um grande homem disse certa vez: "É verdade que posso fazer o que quero, mas não posso desejar o que quero".

Enquanto o homem individual estiver preso à roda do desejo e da vontade, não será livre, porque a liberdade da vontade começa além do desejo.

Só quando renunciamos aos nossos desejos e anseios individuais, nasce a liberdade. A liberdade é uma função do conhecimento e neste está o caminho que conduz do desejo individual ao deixar acontecer primordial. É este o grande passo espiritual que termina neste propósito: *"Senhor, que se faça não a minha, mas a Tua vontade!"* Quando nós, seres humanos, estivermos livres do nosso modo mesquinho de pensar, da nossa ambição de poder e de vantagens egoísticas, o reino eterno de Deus nascerá na Terra. É o reconhecimento dessa afirmação que nos conduz ao infinito.

Não existe fracasso

Por trás de tudo o que se manifesta em sua vida há uma causa espiritual correspondente ao efeito. Esquecer algo em algum lugar não é, por isso, jamais um "fracasso", mas sempre o "sucesso" que corresponde exatamente aos seus pensamentos quanto à situação.

Caro leitor, se você for do sexo masculino, observou, com certeza – assim como eu –, durante o período de impetuosidade de sua vida, o seguinte:

Ao voltar de uma bela viagem com uma amiga querida, aconteceu-me achar na minha mala um de seus pertences, depois que nos separamos, indo cada um para a sua casa. Acaso? Certamente que não, mas antes uma indicação *inconsciente* para não deixar morrer essa amizade. Ir buscar ou levar de volta um xale ou uma blusa é sempre uma boa oportunidade para novos encontros.

Examine por um momento, as vezes em que "aparentemente" esqueceu alguma coisa. Em algumas delas, você mesmo se conscientizará de que o efeito (o esquecimento) teve uma causa bem fundada.

Alguém se esquece duas ou três vezes de pagar a conta. Acaso? Jamais! Sempre há por trás do fato uma esperança inconsciente de que lhe perdoem a dívida. Quando, por exemplo, um parceiro se veste de modo inadequado para um empreendimento em comum, será isso uma incapacidade ou falta de bom gosto? Trata-se de um aviso ao parceiro: cuide de mim, necessito de ajuda!

Outro exemplo: quando uma pessoa, ao lavar a louça, revela tanto mau jeito que quebra repetidamente os pratos, isso não será uma incapacidade, mas uma ação objetiva para que seja futuramente poupada de realizar esse trabalho.

Quando uma mulher aparentemente cozinha mal, não é por efetivamente não saber, mas porque, de algum modo, cozinhar não lhe dá prazer.

O princípio a que o ser humano corresponde é perfeito e, na aplicação máxima da propriedade humana, ele é planejado inteiramente para o sucesso.

Por natureza, nós, os seres humanos, não somos falhos, exceto se nós mesmos nos fazemos assim. Para que no futuro lhe seja ainda mais fácil ser plenamente responsável por você mesmo, indicarei, a seguir, algumas das causas do que se chama, sem pensar, de fracasso.

Meu maior desejo é que, após a leitura deste livro, você aceite sorrindo a responsabilidade por seu destino, chegando realmente às últimas conseqüências.

O "lixo" que você produziu até agora é um bom estrume para os futuros atos bons. Dedique-se mais, então, a tudo o que *aparentemente* sair errado. É justamente dessas avarias que podemos aprender mais.

Como já foi dito em outro lugar: "Não existe acaso".

Os fatos são diferentes do que pensamos

Uma das principais causas do fato de as coisas acontecerem de modo diferente do que pensamos é o pensamento *dividido*. É que você pensa que seu desejo *pode*, na verdade, realizar-se, mas pode também do mesmo modo, *não* se realizar. A respeito disso diz Job: *"O que temi caiu sobre mim".*

Se o desejo de obter algo se justapõe ao receio de que algo possa sair errado, o elemento mais "pesado" é, nesse caso, o receio. Isso significa que não acontece o que você deseja (quer), mas aquilo no que *acredita*, porque temer algo significa acreditar em algo.

Desejar ou esperar algo e, ao mesmo tempo, encher-se de dúvidas é pensar de maneira indisciplinada. Dizer ao filho que você se orgulha dele e que, com toda certeza, ele encontrará o caminho e, em seguida, à sua revelia, dizer à mulher, a mãe dele, que você duvida que ele realmente consiga alguma coisa e tenha êxito está *errado*!

Errado como uma ação psicológica e errado do ponto de vista humano. Além disso, o filho sente, mesmo inconscientemente, a discrepância entre suas palavras e os seus pensamentos. É preciso que você reconheça que cada desilusão no caminho da realização do desejo é determinada ainda pelos pensamentos e sentimentos negativos. O desejo só pode se realizar com pensamentos prazerosos e positivos mantidos de modo persistente!

Toda experiência indesejável é uma advertência para que baixemos o potencial negativo dentro de nós. Mantenha pensamentos íntimos claros e felizes. Que haja luz onde reina a escuridão.

Outro caso que ocorre com freqüência é que alguém se decide a alcançar determinado objetivo com toda energia e força de vontade. E *nisso* está o erro, coisa que certamente já pôde perceber.

Aquele que despende grande energia para a realização das suas idéias torna-se rapidamente tenso e isso quase sempre de modo inconsciente. Aquele que se prontifica a aplicar muita energia e capacidade de penetração conta inconscientemente com resistências. E o que nos espera depende exclusivamente do nosso modo de pensar. Em vez de pensar em problemas e possíveis impedimentos, coloque a fé em que aquilo que você deseja é natural e pode ser conseguido com facilidade. Do contrário, a expectativa acompanhada da concentração no impedimento temido levará justamente àquilo que receia.

O terceiro caso pode ser o fato de que você se esforça demais para alcançar seu objetivo. Nesse caso, lembre-se que o ideal está na dosagem certa. Uma pitada de sal na sopa é excelente; meio quilo, no entanto, é demais. Um copo de vinho, de vez em quando, é bom para a nossa saúde, mas cinco copos diários tornam-se nocivos.

Ocorre exatamente a mesma coisa quando se ambiciona um objetivo. *Só as idéias muito claras do que queremos nos conduzem com segurança ao sucesso.* Volte-se para seu objetivo com calma, assiduidade, tenacidade, perseverança e confiança na vitória.

Mas se sua vontade for intensa demais, acionará com isso a lei psicológica da energia oposta que produzirá o efeito contrário. Tais efeitos indesejáveis só poderão ser evitados se você opuser à vontade excessiva a certeza interior da acessibilidade do objetivo. Entregue calma e confiantemente a execução do que é necessário à *central energética do seu subconsciente*!

O quarto caso em que as coisas acontecem de modo diferente do que pensamos se dá quando, a caminho do objetivo, podemos intuir uma possibilidade de fracasso. Você deve reconhecer que quanto a um objetivo firmemente ambicionado segundo as leis espirituais, os incidentes *só* podem ser gerados pelas *dúvidas que tivermos quanto às nossas próprias aptidões*. A suposição de que possa haver dificuldades leva, de acordo com o grau do medo, à recusa, ou seja, à negação dessas dificuldades. E a maneira mais fácil de impedir que aconteça aquilo que você não quer é ignorá-lo. Conseqüentemente, a melhor maneira de impedir o indesejável é não lhe dar importância. Você precisa afirmar que aquilo que nega é tão fraco e insignificante que não pode atingi-lo.

Do contrário, lhe acontecerá o que acontece ao ciclista que a todo custo quer evitar um obstáculo e vai direto ao seu encontro. Negar algo com toda força de vontade leva à fixação subconsciente daquilo que se nega. A melhor coisa é não negar nada e afirmar exclusivamente o que se quer que aconteça. Assim, aquilo que não se quer afastar-se-á por si só.

É possível comprovar que não só nosso raciocínio atual produz efeitos, mas também que a totalidade do nosso passado influencia o sucesso ou o fracasso. Aquilo que nos ocorre hoje de maneira surpreendente, talvez já estivesse esperando há muitos anos por sua realização.

Goethe disse a respeito: "Aquilo que se deseja na juventude tem-se com abundância na velhice".

Quer dizer que o acidente que ocorrer hoje pode ser o efeito de temores e receios de muito tempo atrás. Portanto, nada acontece, de fato, que não tenha sido imaginado antes, mas realiza-se exatamente aquilo que há muito ocupou um grande espaço em nossos pensamentos. O que nos acontece é sempe a colheita do que outrora semeamos em pensamento.

Examine seus pensamentos! Examine a qualidade de seus pensamentos. Acaso são construtivos e afirmativos? Há equilíbrio entre seus pensamentos positivos íntimos comparados com os negativos? Que tipo de pensamento prevalece em você? Observe qual sua tendência; é construtiva, amiga, afirmativa, ou o contrário?

Você abriga um "autômato de fracasso" em seu íntimo?

Uma das principais causas do fracasso pode ser a programação errada do subconsciente, como, por exemplo, o fato de que não é justo ter tanto sucesso. Aquele que, durante muito tempo, ouviu seu pároco e outros pregadores dizerem que o dinheiro e as posses são a origem de todos os males, começa a acreditar neste absurdo. A idéia de que a riqueza é um pecado cria um automatismo que produz, em conseqüência, a pobreza.

Muitas pessoas têm dentro de si esse "autômato de fracasso" sem saber disso.

Um passo importante no caminho da auto-realização é o conhecimento de que a inveja não apenas neutraliza os pensamentos positivos, mas pode até invertê-los. Mesmo que você pense de maneira certa e afirmativa sobre o sucesso, este não será possível se houver ódio ou inveja. Escute seu interior: seus sentimentos são destrutivos? Em caso afirmativo, dê agora o primeiro passo; este é o ponto de apoio no trabalho fecundo sobre você mesmo. Só quando tiver pensamentos de companheirismo, de união interior, de amor e de alegria no que se refere ao sucesso dos outros é que lhe virá também aquilo que imagina de um modo claro e plástico.

Observe o trânsito nas ruas. Constatará que um Mercedes parece provido de um "autômato de prioridade", por assim dizer; do mesmo modo você também o tem.

Muitas vezes acontece algo de modo diferente do que pensamos e nisso manifesta-se nada mais do que uma tendência não-reconhecida de autopunição. Muitíssimas pessoas carregam dentro de si, desde a infância, largos fluxos dessa tendência, visto que nossa educação foi dirigida com certa freqüência com "pão doce e chicote" e nos atribuíram demasiadas vezes a pecha de malvados e imprestáveis. Na maioria das memórias de infância, encontramos a gravação viva da declaração de que somos pecadores.

"O bom Deus, que está no céu, vê tudo e fica furioso, se você não for bem comportado"; é uma das ameaças. Só para poder nos dominar nossa mãe submetia qualquer coisa à condenação do bom Deus, que, conforme o caso, ficava triste ou zangado. Como uma boa mãe, ela naturalmente desejava que o filho tivesse boa educação e queria manter o controle também onde sua vigilância era impossível; para isso, pedia a ajuda do "bom Deus".

Deus vê tudo o que você faz e também ouve os seus pensamentos. O mau pensamento é pecado. O bom Deus o castigará. Quando essas declarações causadoras de medos são repetidas muitas vezes (como sugestões), adquirem um poder dominador sobre as crianças. A afirmação de que "o bom Deus me castiga", firmemente enraizada no subconsciente, gera a expectativa do castigo (aquilo que temo cairá sobre mim). A pessoa se sente culpada, porque algum tempo antes cometeu uma injustiça contra alguém. Seu subconsciente, programado para esperar o castigo por esse ato, produzirá depois justamente a situação que ele sente como castigo.

A convicção correta que resulta de tudo isso deveria ser: *a boa educação tem por objetivo descobrir primeiro as particularidades do ser humano e, em seguida, levá-lo, com cuidado e carinho, ao encontro de si mesmo.*

Depois do castigo, a "moralidade" se sente aliviada e declara: "Você mereceu isto". Essa tendência ao castigo conduz à insegurança e o dilema psíquico cresce devido à falta de confiança naquilo que se faz; surgem os malogros. E todo o jogo recomeça.

Se um desses azarados não se propõe, em pouco tempo a romper esse círculo diabólico, surgirá em certa ocasião a grande resignação. Para alcançar uma mudança fundamental, é necessário que haja, no devido tempo, uma decidida tomada de consciência e uma autodesintoxicação. *Ai daquele que educa uma criança por meio do temor, mesmo que seja o temor de Deus!*

Por último, você deve examinar se o que deseja é justo; se a lei lhe permite tal desejo. Porque, quando sua instância ética estiver contra a realização deste desejo (por exemplo, no caso de um desejo exagerado e muito egoísta de bens materiais), você entrará em situações de conflito, cujo efeito final será tudo acontecer de modo diferente do que pensou. Também seria útil examinar se, apesar de tudo, aquilo que você experimentou e que o desiludiu não deveria ser considerado — desde um ponto de vista superior — como a realização de um desejo e um progresso.

Freqüentemente, uma ocorrência só pode ser objetivamente apreciada depois de um certo distanciamento no tempo e depois de avaliada com mais profundidade. Deus diz: "Meus caminhos são mais elevados do que os seus". E também nunca conhecemos exatamente o plano e o objetivo que estão por trás das desilusões.

Se reconhecer o pensamento errôneo como a causa de seus fracassos, comece então a nutrir pensamentos afirmativos até que tudo que for negativo seja dissolvido.

Aos poucos, a desarmonia de sua vida se transformará em harmonia e alegria de viver. Simultaneamente você descobrirá cada vez com maior clareza, as normas da dinâmica do pensamento. *Educar significa viver o exemplo; tudo mais é adestramento.* Quanto mais persistentemente você mantiver pensamentos positivos, mais rapidamente estes passarão a ser as energias determinantes da vida.

Cada pensamento produz um efeito. Um pensamento é como um ser vivo que almeja realizar-se.

A tendência auto-realizadora do pensamento cresce conforme sua clareza e seu caráter construtivo.

Sua capacidade pessoal de realização aumenta com sua tenacidade de concentração, com acentuado interesse, no objetivo almejado. E assim como são seus pensamentos assim será também a sua vida.

No capítulo anterior, você leu a respeito de muitos dos motivos pelos quais os nossos propósitos podem fracassar.

Por isso, é necessário que, no início do trabalho sobre você mesmo, adquira primeiro a clareza quanto ao funcionamento das leis espirituais.

Se pretende fazer uma viagem de carro e visitar vários lugares, é bom verificar primeiro qual o melhor caminho a tomar, porque sair simplesmente pela estrada afora encerra o perigo de fazer muitas voltas desnecessárias.

Os negócios da maioria dos homens vão bem por tanto tempo quanto estes forem bem-sucedidos em sua vida particular

Tal afirmação significa que a base do sucesso se constitui de equilíbrio psíquico. E ter equilíbrio psíquico quer dizer estar, em alto grau, em harmonia consigo mesmo e com o ambiente. Aquele que está interiormente tenso ou talvez mesmo dilacerado por uma humilhação, ou que carrega um peso na alma, não pode esperar deste mundo algo diferente daquilo que cria com esses processos interiores.

O interior sempre equivale ao exterior. Por conseguinte, se seus negócios vão mal, você deve procurar a causa dentro de você mesmo e nunca nos motivos externos. Mesmo que seja fácil encontrar mil e uma razões para seu fracasso nas circunstâncias exteriores, você mesmo é o motivo e a causa de tudo que lhe acontece.

A harmonia na esfera emocional e pessoal é, de certo modo, a "chave do reino celestial". Quem estiver em harmonia está próximo do princípio universal que é perfeito!

Na mesma medida em que você se acalmar e se tornar sereno e harmonioso, participará do sucesso do Maior *Expert* do Universo. Estar em harmonia significa tornar-se um canal através do qual a criação se realiza.

Estar em harmonia é o mesmo que tornar-se mais semelhante ao princípio da vida e ajudar o gênio interior a se desenvolver.

Se quiser, portanto, que seus negócios andem bem, deverá estar emocionalmente equilibrado, porque a transformação da matéria só é possível pela mudança da consciência.

O subconsciente acata o que você diz

Há alguns anos, na bela ilha de Capri, falei com uma senhora de Osnabrück a respeito das leis espirituais. Eram animadas conversas que nunca tinham fim. Ela ficou tão impressionada com a perspectiva que consegui lhe abrir sobre si mesma que, logo após ter voltado das férias, matriculou-se numa boa academia terapêutica a fim de preparar-se também profissionalmente para um caminho espiritual semelhante ao meu. Segundo me contou em cartas ocasionais, estava cheia de entusiasmo pelo assunto. Aproximava-se o dia do exame. Com a ajuda da auto-sugestão, ela havia fixado profundamente a matéria que lhe merecera um estudo relativamente grande, no subconsciente. De acordo com o que me disse, ela fazia-se as seguintes sugestões: *aprendo e retenho tudo*. Eu mesmo acreditava saber muita coisa sobre a maneira como o subconsciente funciona e não pensava, naquela oportunidade, que me aguardava um conhecimento novo. Minha conhecida me escreveu que, em seu grupo de estudo, ela era uma das melhores e que iria submeter-se ao exame serena e tranqüila. No entanto, aconteceu que, embora acreditasse dominar realmente bem a matéria, fez o exame causando a impressão de que não sabia contar até três. Fosse o que fosse que lhe perguntassem, ela contornava com perfeição a pergunta e quase nunca dava uma resposta que se relacionasse com ela! Finalmente, a banca examinadora perguntou-lhe por que tivera o atrevimento de participar do exame.

O que aconteceu? Dissemos muitas vezes que o subconsciente não brinca. A afirmação feita por gracejo, de que "estou certo de que vou dar com a cara no chão" e coisas parecidas, não são tomadas pelo subconsciente como gracejo, mas de maneira literal. Não é função sua fazer distinções, mas tomar a afirmação pelo que ela contém literalmente, palavra por palavra.

A auto-sugestão da minha conhecida de que "aprendo e retenho tudo" significará provavelmente para você também, à primeira vista, que ela ficara sabendo bem a matéria e que não iria esquecê-la. Mas o subconsciente não entende o que se *quer dizer* com a afirmação, mas o que ela *diz*. Assim, o que ocorreu é que ela realmente estudava tudo com facilidade e retinha os ensinamentos para si sem transmiti-los. A interpretação mais simples de "reter algo" é "segurar", "ficar com ele", "não dar", e foi exatamente isso o que aconteceu no exame.

Deste exemplo, pode-se deduzir a facilidade com que a falta de perícia pode transformar o resultado do trabalho sobre si mesmo em fracasso.

Confusão entre quantidade e qualidade

Há alguns meses, um colega me contou o seguinte: anos atrás veio ao meu consultório um jornalista. Tinha sido incumbido pela redação de escrever sobre mim e meu trabalho. A fim de ter a possibilidade de uma compreensão melhor do trabalho do subconsciente, propus-lhe que se submetesse a uma hipnoterapia durante umas trinta horas. Concordou e, como objetivo de sua terapia, desejava realizar o antigo sonho de ver muitos livros escritos por ele mesmo na sua mesinha-de-cabeceira. Durante a terapia, surgiram todos os fenômenos já conhecidos e ele se tornou mais calmo, mais consciente de si e mais amável. Eu mesmo lhe dei, daquela vez, a sugestão de que escreveria bons artigos sobre as leis espirituais, a hipnose e o subconsciente.

Correspondendo a essa sugestão, os escritos que depois foram publicados eram realmente fluentes, interessantes e bons. Depois ele começou a concentrar-se no desejo que lhe era mais caro ao coração, o de escrever muitos livros. Ao final de menos de um ano, conseguiu, de fato, apresentar o primeiro manuscrito a uma editora. Desde esse seu início como autor passaram-se oito anos e, quase a cada ano, ele conseguia escrever outro livro e também lançá-lo no mercado.

Seu desejo se realizou. Contudo, ouve apenas um defeito: as sugestões se referiam a muitos livros e estes agora estavam ali, só que ele se esquecera de sugerir que também fossem um sucesso. E esse era o problema; ele realizou seu desejo, mas não pensou nos leitores que deveriam se interessar pelo que escrevia.

No meio de tanta quantidade, esqueceu-se da qualidade!

Meu colega declarou-me que essa experiência foi muito importante na sua carreira, porque permitiu que ele estudasse a fundo o modo de atuação do subconsciente.

A sabedoria nasce da ignorância

Não procure "entender" esta afirmação e as que se seguem; isso levaria tempo demais. Captar intuitivamente seu sentido é como liberar um canal mais eficiente do que qualquer atividade intelectual.

Lao-tsé disse certa vez: *A origem do ser é o não-ser,* e os leitores cujo estado de consciência corresponde ao nível deste conhecimento são estimulados a meditar. Quem compreender a afirmação de Lao-tsé não pode, na verdade, dizer que a "entendeu", porque se trata muito mais de uma compreensão intuitiva.

Só podemos conhecer aquilo que corresponde aproximadamente ao nosso nível de consciência. Desse modo, a capacidade de conhecimento depende do que chamamos conhecimento de si mesmo. Conseqüentemente, o grau de nossa capacidade de conhecer é a imagem fiel de nossa própria situação.

Durante a leitura deste livro e de livros semelhantes, trata-se de compreender que o nosso intelecto é muito limitado para captar tudo quanto a nossa existência abrange. Tornar-se consciente disso é "consciência" e, ao mesmo tempo, reflexo do recém-chegado (no novo nível).

Nosso intelecto é como poeira no espelho da consciência. Armemo-nos, pois, com um grande espanador para obtermos uma "visão" clara.

O reconhecimento desses encadeamentos leva, com o passar do tempo, a algo como fazer o balanço e verificar o débito e o saldo.

Tomemos como exemplo a oração. Implorando, rezando pedindo, procuramos repetidamente comover um espírito todo-poderoso a produzir algo em favor dos nossos desejos. Aquele que estudar as leis espirituais compreenderá primeiro os encadeamentos que existem entre um pedido (oração) e seu eventual atendimento. Coloque como objetivo da oração o conhecimento da verdade! Quando orar, a verdade lhe virá ao encontro. Sem orar, também virá. A verdade não pode ser comovida pela oração. Para a verdade, não existe a oração, mas aquele que ora. Como aquele que ora se sente atraído para o objetivo da oração – a verdade –, aproxima-se assim da verdade e, por esse motivo, vale a pena orar!

Seja o que for que fizer, por atos, palavras, pensamentos ou orações, você passará a ser isso. Por essa razão, nossa atuação, nossas palavras e pensamentos deveriam se orientar rumo ao que desejamos ser, porque *assim como você se imagina em sua alma, assim será.* (Prov. 23,7).

O que denominamos de evolução é determinado pela nossa atitude, porque com a nossa atitude atraímos o futuro.

Tudo é possível e tudo é bom: ajudar, dar, orar, amar o próximo. Mas só o conhecimento que nasce de tudo isso e não o ato em si é que leva à libertação e à iluminação. Entenda aquilo que a oração produz dentro de você e os degraus da sua libertação se formarão!

Toda ação causa conhecimento e cada conhecimento é um passo numa viagem de mil milhas.

Emerson disse que, "no nível espiritual, não há homens pequenos ou grandes. Todos nasceram como reis; nasceram para criar algo grande. Eles são a coroa da criação. Sua velha filosofia sobre fracasso e inferioridade não pode estar correta".

Bernd Ritter

Há alguns anos encontrei Bernd Ritter, de Kolmbach/Odenwald, pela primeira vez. Tratava-se de um homem comum. Trabalhava muito para ganhar o dinheiro necessário à sua família, constituída de quatro pessoas. Possuía certamente um pouco mais do que os outros, porque trabalhava dez a doze horas por dia e o trabalho constituía parte estável de sua vida. Conforme ele me disse, há muito se interessava pelo mundo espiritual. Em casa, possuía alguns livros de esoterismo, mas faltava-lhe o necessário estímulo para se tomar ativo nesse campo. Esse estímulo veio a ele na forma do livro *O subconsciente, fonte de energia* e, em seguida, através de um dos meus seminários que, a seu ver, tinha sido para ele uma revelação. Na ocasião, relatou aos outros participantes que estava com a impressão de que sua vida havia se modificado inteiramente. Bernd Ritter veio, em seguida, para uma terapia de quarenta horas e freqüentou mais alguns seminários.

Leia o que ele disse sobre o seu desenvolvimento:

Meu caro Erhard,

Está na hora de manifestar-lhe a gratidão que me vem do fundo do coração por tudo que se modificou em minha vida particular e profissional.

Quando li, anos atrás, seu primeiro livro, conscientizei-me, com assustadora nitidez, do quanto ainda estava apegado ao mundo exterior e às programações do passado. Meu processo de desapego foi uma única e grande batalha de libertação no sentido positivo. Saulo passou a ser Paulo ou, em linguagem atual, um teórico feito só de intelecto passou a ser um praticante humano!

Na fase seguinte, fui assistir a vários dos seus seminários de "realização de transparência" e submeti-me à terapia de três semanas. A melhor maneira de expressar o que aconteceu é dizer que "nasci de novo".

Desde que tive a visão simples e clara das leis espirituais, tornei-me, de fato, o comandante do barco da minha vida. Eu mesmo me conduzo. Antes, pensava sempre depreciativamente a meu respeito (você não é capaz de fazer isso, etc.).

Desde a aplicação consciente das leis espirituais, minha empresa de eletrônica progrediu verticalmente. "Quem segue pelo caminho espiritual na direção do sucesso consegue, em pouco tempo, o dobro das vendas ou dos lucros com a metade do trabalho diário". Portanto o resultado quadruplicou.

Como o tempo que me sobrava me incomodava, realizei uma idéia há muito acalentada, isto é, a de estudar o método de superlearning do professor búlgaro Dr. Losanov; pretendia depois ensiná-lo.

Desde então passaram-se vinte meses. Meu instituto, que se ocupa do aprendizado fácil e rápido de línguas (superlearning), obteve, dentro em pouco, isto é, logo que fui capaz de acreditar nisso, um extraordinário sucesso.

A partir daí, fiquei plenamente consciente de que o princípio do espírito é pura e simplesmente o sucesso. Seja o que for que um homem comece a fazer em harmonia com o cosmo, será forçosamente um sucesso.

Agora tenho, assim como você que foi meu exemplo, tantos alunos entusiastas que, com todo o direito, posso orgulhar-me de tudo o que, no momento, acontece à minha volta. Meu casamento, por exemplo, adquiriu uma nova luz desde que alcancei minha harmonia interior. Recentemente, Sula, minha esposa me disse: "Sou a mulher mais feliz do mundo!"

Meus filhos estão a caminho de se tornarem membros valiosos da sociedade. Frank foi aprovado recentemente, com distinção, no vestibular e Kátia também nos dá muita alegria com seu jeito carinhoso de ser.

Com todas as coisas que aconteceram desde o meu encontro com você, modificou-se tanta coisa dentro de mim e ao meu redor, que às vezes me pergunto porque não descobri isso antes. Desde então surgiu no meu íntimo a pergunta: "Por que os nossos filhos e todos nós não somos familiarizados com as leis espirituais a partir da primeira infância?" Que maravilhoso seria o nosso mundo!

Mas, como você diz, nunca é tarde demais e raramente é muito cedo. Começo agora a mudar o mundo (o meu mundo) e creio ser essa minha tarefa. E nem poderia ser outra.

Para mim, caro Erhard, você foi o sal na sopa. Até então, eu a comia por ter de comer, mas agora ela tem sabor.

Agradeço-lhe pelo amigo e pelo homem que é e pelo fato de você existir e de nos termos encontrado.

Do fundo do coração, cordialmente,

Bernd Ritter

Faço votos, estimado leitor, para que num futuro próximo você possa mandar uma carta assim a um amigo. E, na verdade, não poderá ocorrer coisa diferente, se tiver um conceito espiritual claro dentro de você mesmo.

Meu amigo Bernd Ritter mencionou, em sua carta, que, nesse meio tempo, realizou o desejo de aprender o *superlearning*. Sobre isso quero dizer o seguinte.

Nos últimos anos, o *superlearning* tem sido objeto de muitos comentários. O professor búlgaro, Dr. Losanov, de Sófia, descobriu que o armazém do subconsciente acolhe os pensamentos, em determinadas condições previamente estabelecidas, muito mais rápida e permanentemente. Constatou que a matéria de estudo recebida em estado de relaxamento profundo (estado "alfa") era lembrada ainda, numa proporção de oitenta e oito por cento, após três meses. Em comparação com isso, a maneira normal de estudar apresenta, no mesmo espaço de tempo, o resultado de aproximadamente trinta por cento. Segundo a opinião dos peritos, o *superlearning* estimula os dois hemisférios cerebrais, ao passo que o método normal exige apenas o lado esquerdo, que é racional e analítico. Muitos professores e educadores sabem que as crianças que escrevem tanto com a mão esquerda como com a direita têm, freqüentemente, maior capacidade para aprender. A colaboração dos dois hemisférios – que pode ser aprendida – potencializa bastante a capacidade espiritual do homem. No futuro, a sugestopedia será, com certeza, objeto ainda maior de comentários. Na minha opinião, ela será o método futuro de estu-

211

dar. Tal como acontece na vida em geral, também nesse terreno ocorre que tudo o que for feito em estado de relaxamento resulta ser mais fácil e mais rápido. O aluno deve ser afastado do desejo "intenso" de estudar; ele deve estar, tal como na infância, simplesmente "presente", isto é, relaxado e calmo, quando os conhecimentos são transmitidos. Como em tudo o que acontece na vida, a única atitude correta é, neste caso, também o "deixar acontecer" (acontece através de mim) e esta é uma atitude muito superior a qualquer "desejo".

Voltando ao professor Losanov: a fim de obter os meios necessários às suas pesquisas, ele convidou vários funcionários ao seu instituto para demonstrar-lhes o novo método do *superlearning*. É que, naquela época aconteceu com ele o que provavelmente acontece com todos os cientistas do mundo; faltava o dinheiro necessário para as pesquisas. Ele conseguiu, portanto, persuadir aqueles senhores a se submeterem a um teste de seu método e já oito dias depois todos eles conversavam em várias línguas, que nenhum deles falava antes.

A demonstração foi tão bem-sucedida e convincente que hoje todos os problemas financeiros passaram a ser coisa do passado.

Há alguns anos, escolas da Alemanha também começaram a aplicar esse novo método de utilização da capacidade do subconsciente de uma forma mais objetiva e eficaz. Tanto quanto sei, a escola de Bernd Ritter é uma das mais bem-sucedidas. O *feedback* de seus alunos é de tal modo convincente, que convidei Bernd Ritter a fazer uma demonstração num dos meus seminários.

Eu também estava pessoalmente interessado em experimentar o fascínio desse método revolucionário dentro da atmosfera de relaxamento e de pensamento positivo do nosso ambiente. Dolores, a professora de língua espanhola, foi especialmente enviada para supervisionar a aplicação correta do método. Após alguns minutos de música especial (passagens do Concerto Grosso do compositor barroco Arcanjo Corelli) ela começou, num ritmo especial, a pronunciar vocábulos espanhóis seguidos das palavras em alemão. Todos tínhamos lido antes, em voz alta, numa folha de papel, as palavras espanholas. A duração total foi de duas vezes de dez minutos mais ou menos. Formamos, depois, um grande círculo para o interior do qual cada um deveria "lançar", em voz alta, as palavras que acabava de aprender. Cada palavra espanhola tinha que ser recebida pelos outros com animados gritos. Éramos umas setenta pessoas e o leitor nem imagina o barulho ensurdecedor que começou então. Todos haviam aprendido um montão de palavras e as gritavam agora para dentro do círculo. Esta confirmação positiva do que se aprendeu é um fator extremamente importante para cada um e na vida em geral a fim de que o aprendizado possa ser sentido como algo agradável e belo.

Fiquei muito satisfeito com o fato de Bernd Ritter e Dolores estarem comigo e poderem recomendar a cada pessoa esse método novo e único de aprendizagem.

Sentido ou absurdo!

Você já condenou também o absurdo de certos acontecimentos? Guerras, doenças, acidentes e maldades parecem, à maioria de nós, coisas destituídas de sentido, absurdas ou, pelo menos, supérfluas. Há, contudo, um sentido muito profundo por trás de todos os acontecimentos. O sofrimento, que é um acontecimento incompreensível para nós, desempenha uma função importante neste nível da nossa evolução. Diz-se: *a sede conduz à água do mesmo modo que o sofrimento leva à felicidade.*

O sofrimento pressiona aquele que sofre e essa pressão o obriga, segundo o grau de sua sensibilidade, a reagir. A reação é, em todo caso, uma ação da qual nasce um conhecimento. Por amor a esse conhecimento, a própria pessoa já causou os acontecimentos (sofrimentos, problemas).

À primeira vista, essa afirmação pode parecer ilógica, mas se torna compreensível a partir do fato de que nossa disposição de fazer o mínimo possível nos leva, em geral, a problemas de toda ordem. De acordo com a expressão de um filósofo hindu, na solução dos "problemas" jaz sempre um conhecimento e por amor a esse conhecimento causamos os próprios problemas. Os problemas que caem sobre mim, são, portanto, presentes que me dou para obter progresso espiritual.

Encarados dessa perspectiva, os problemas são necessários no lugar em que a fleuma muito grande impede o trabalho voluntário sobre si mesmo.

Aquele que aceita esse encadeamento confirma o significado do seu sofrimento onde, de outro modo, a preguiça iria impedir qualquer desenvolvimento.

Conseqüentemente, quem realizar o trabalho mais bem pago do mundo — o trabalho sobre si —, não necessita mais da pressão exercida pelos sofrimentos.

Só podemos encontrar tais homens se observarmos bem. Para aquele que estiver em busca da ampliação espiritual, os problemas e preocupações, assim como qualquer sofrimento são apenas lembranças de um tempo que passou.

Trata-se, pois, de corresponder ao sentido e à tarefa da evolução. Evolução é a seleção do bom para o melhor. É uma seleção orientada no sentido do mais apropriado, do crescimento espiritual. Aquele que não participa voluntariamente dela, em pouco tempo será forçado pelo início da pressão e do sofrimento. Quer dizer que, voluntariamente ou não, estamos todos no mesmo caminho.

A efetividade do caminho espiritual dever-se-ia mostrar dentro de pouquíssimo tempo pela grande facilidade com que levamos a cabo as múltiplas tarefas de cada dia. Ou, dizendo de modo diferente, não deveria haver mais as "cargas" de todos os dias. O passado, o presente e o futuro se fundem numa grande imagem e nos proporcionam uma nova visão das coisas.

CAPÍTULO 5

Doenças psicossomáticas

Nas páginas seguintes tratarei pormenorizadamente de diversas doenças e farei algumas sugestões quanto ao modo de você recuperar a harmonia de corpo e alma, afirmando o oposto de doença, isto é, imaginando que tem saúde.

A interpretação da linguagem orgânica ou corporal permite descobrir as causas do acontecimento com probabilidade muito maior do que é possível à medicina acadêmica.

A doença torna você transparente; baseando-se nela, o espírito pode facilmente deduzir sua atitude para com você mesmo e com a vida.

Devido a sua filosofia materialista, a medicina acadêmica geralmente vê a causa das doenças nas coisas externas, no físico.

A metafísica, que é a ciência do que está além da matéria, é um livro de sete selos para a ciência atualmente estabelecida. Só raramente o diagnóstico considera também os eventos psíquicos.

Entretanto, ao ler este capítulo, você deve considerar que a reação de um homem a determinadas situações, como, por exemplo, o estresse, não é necessariamente a mesma dos demais. Um reage com úlceras gástricas, outro talvez com prisão de ventre e há ainda homens que necessitam, para se sentirem bem, de uma certa tensão. As interpretações simbólicas das doenças não se deixam definir com rigorosa nitidez e, por isso, não devemos tomá-las de modo muito restrito. O modo de reagir, seja através de enxaqueca, dores de estômago ou uma ampla gama de outros sintomas, tem muito que ver com o quanto aprendemos a reagir mediante esses ou aqueles sintomas, durante o nosso "período de formação", pela identificação com os nossos pais (ou com pessoas-referência). A relação com o que é possível, com o que é ou não norma, recebemos através da identificação. Em geral, copiamos o modo de vida dos nossos pais. Identificamo-nos com as nossas pessoas de referência.

Podemos fazer uma comparação, usando como exemplo um casal que vive longos anos de um convívio ideal. No decorrer do tempo, eles se identificam mutuamente, isto é, cada um se reconhece no outro e assim se tornam idênticos. Muitas vezes até mesmo se verifica uma assimilação fisionômica.

É bom lembrar que não existe parentesco algum entre os dois, salvo o parentesco de alma desenvolvido através dos anos. Esse parentesco de alma produz a adaptação da aparência exterior, corporal.

Se uma criança presencia freqüentemente a mãe reagindo ao estresse com uma enxaqueca, é provável que ela aja da mesma maneira em situações semelhantes. Nesse caso, há pouca probabilidade dela reagir ao estresse com outros sintomas. Contudo, existe geralmente uma margem muito grande de possibilidades no que se refere ao comportamento de cada pessoa.

A individualidade de cada um desempenha um papel que não podemos esquecer.

Indicamos a seguir algumas doenças e suas prováveis causas psíquicas, assim como recomendamos algumas sugestões:

Aborto

Causas – Tensões familiares e desentendimentos entre os parceiros podem levar ao aborto. A criança não se sente desejada. A recusa consciente ou inconsciente da criança pela mãe pode efetuar a expulsão corporal.

Sugestões – Paz e harmonia estão no meu coração e no meu espírito. Meu filho é totalmente bem-vindo.

Deve-se falar com o nascituro dizendo-lhe que este mundo é belo e que é maravilhoso estar esperando por ele. Contar-lhe sobre os preparativos que estão sendo feitos e acariciar sua roupa, o bercinho, as fraldas e o ventre. Dirigir à criança palavras que venham do coração. Sintonizar-se espiritualmente com o parto.

Auto-sugestão – Pouco antes do parto, estarei completamente serena e relaxada. A vida do meu filho será fácil neste mundo; tudo está preparado para ele. No momento do parto, estarei calma e relaxada. É um momento sumamente importante para o meu filho e para mim. O parto será fácil e bom; será uma bela experiência para nós dois. Encaro positivamente o parto. Estou cheia do maravilhoso sentimento de alegria e felicidade. Desejo muito meu filho e o aguardo com prazer. Espera-me um belo momento, que mudará minha vida. Deus me ama.

Abscesso

Causas – Um abscesso pode resultar de uma ferida psíquica ou da atitude espiritual de menosprezo; às vezes, pode haver também, no fundo, pensamentos de ódio. O fato de ele se localizar na pele demonstra o fundo psíquico. A pele constitui a passagem do interior para o exterior e é o maior dos nossos órgãos. Entre outras coisas, serve como organismo de eliminação. Um abscesso é algo que faz pressão para o exterior e, nesse caso, é a expressão de um conflito emocional-espiritual; é um sinal de medo, como, por exemplo, o de querer deter algo que é inevitável. Querendo ou não, a limitação é rompida. A solidão e a falta de contato podem ser também as causas e, em certas circunstâncias, os desejos sexuais não-satisfeitos, assim como outros desejos e as imagens mentais reprimidas com grande pressão.

Sugestões – Estou em paz comigo mesmo e com o ambiente. Estou cheio de harmonia. Estou aberto aos meus desejos, todos eles são justos e servem ao meu progresso. Treino a lei espiritual da não-resistência.

Acne

Causas – A não-aceitação de si mesmo, o não gostar de si, podem ser a causa deste sofrimento. A pele é um organismo simbólico da alma. Pode haver também uma causa de natureza sexual. Na puberdade, manifesta-se o medo à sexualidade que desperta, o que representa desejo de desfrutá-la sem poder. Os limites mantidos até agora são rompidos. Nos chamados povos primitivos, a acne praticamente não existe ou existe só raramente. Ela é, portanto, conseqüência de uma falsa atitude quanto à sexualidade e ao corpo.

Sugestões – Eu me amo e me aceito. Estou aberto a tudo que é novo. O amor é a luz que me mostra o caminho. Alegro-me com a sexualidade que está despertando e a aceito plenamente. Gozo de plena saúde, agora e sempre. Espero com alegria o encontro e o contato com um ser amado.

Alcoolismo

Causas – Recusa de si mesmo. Fuga da realidade ao ser posto sob pressão. O alcoólatra acha que tudo é sem sentido. Sentimentos de culpa e de inferioridade, labilidade, depressão, repressão de agressões, um tipo vicioso de comportamento. Alguém procura algo. Quando não obtém resultado na busca refugia-se no estado de embriaguez produzida pelo álcool e foge para o irreal. Trata-se de uma fuga para um mundo aparentemente bom; existe o medo dos conflitos. O consumo de álcool serve para facilitar contatos humanos. Também pode existir o medo da responsabilidade ou o desejo de reconhecimento e de amor.

Sugestões – Eu me relaxo. O que passou, passou. Eu me amo e a cada dia descubro melhor minha riqueza interior. Eu me aceito como sou. Os malogros são amigos e servem ao meu progresso. Sou o milagre da vida. O álcool me é completamente indiferente. Sou uma personalidade forte e bem-sucedida na profissão e na sociedade. Decidi-me pela felicidade. Almejo de todo o coração o amor e o reconhecimento. Para encontrar amigos, serei amigo. Todas as situações e seres humanos com que me deparo servem ao meu progresso e são elos na cadeia do meu bem-estar.

Alergias

Causas – Pergunte a si mesmo: a que ou a quem sou alérgico? Qual minha recusa? Sofro de hipersensibilidade, estou cheio de medo reprimido? Uma alergia pode ser a expressão corporal da recusa ou uma falsa sensibilidade. Será que estou procurando me proteger mediante uma exagerada atitude de defesa baseada no lema de que o "ataque é a melhor defesa"? Sou dominado pelo medo? O medo produz ainda mais medo e, por isso, faz crescer a sensibilidade nas diversas situações. A alergia aos elementos externos irritantes é apenas o aspecto material do processo. O medo produz agressividade – a alergia é uma expressão de agressões reprimidas. Alergia é agressão incorporada. O alérgico tenta oprimir seu ambiente (dominá-lo). A alergia é uma agressão não vivida.

Sugestões – O amor de Deus está na minha alma. Há paz e harmonia no meu interior. O mundo está repleto de milagres e todos me querem bem. Estou seguro e aconchegado no amor infinito de Deus. Meus meios de vida são a amabilidade, o amor e a boa vontade. Almejo de todo o coração a harmonia interior e o equilíbrio. Aprendo a amar meus inimigos. Seja o que for que comece, será um ato de amor e de paz. Toda a ajuda necessária me será proporcionada.

Anemia

Causas – Aqui falta alegria. A extrema opressão na infância pode diminuir o interesse na vida e fomentar o espírito de contradição. A atitude de antagonismo conduz a lutas interiores intensas. O anêmico não participa da circulação cósmica das energias. A vida ativa lhe parece desagradável.

Sugestões – A criação é feita da matéria que se chama alegria. Deus realizará minhas necessidades na magnificência de sua riqueza. Deus e eu somos sempre bem-sucedidos. Estou interessado em tudo. Agora gozo de perfeita saúde. Sou um membro valioso da sociedade. Transformo todas as minhas idéias em atos.

Arteriosclerose

Causas – Nesses pacientes, encontra-se freqüentemente uma individualidade exagerada e a teimosia. Estão sempre sob pressão e têm uma perspectiva estreita.

Sugestões – O Senhor me apoiou e me deu forças. Possuo agora a visão espiritual e por meio desta só vejo perfeição. Sou muito receptivo à vida e à alegria. Senhor, mostre-me o caminho e deixe que eu veja claramente o que me destinou. Desejo de todo o coração a clareza espiritual. Minha memória divina é perfeita.

Artrite

Causas – Quando um ser humano sente que não é amado, seu coração se ressente, enche-se de amargura. Ele tende a ficar rancoroso e descontente e a gostar de criticar. Manterá uma atitude destrutiva diante da vida e certa rigidez espiritual. A agressividade reprimida leva a uma atitude de oposição.

Sugestões – Perdôo tudo a mim mesmo e aos outros. A partir de agora, Deus vive no meu espírito e no meu coração. Tudo que começo é para o bem de todos. Deixo que os outros seres sejam autênticos. Sou livre. Sou ágil e livre de corpo e espírito. Ser livre é o objetivo de todas as ambições.

Asma

Causas – Um amor sufocante ou um laço muito forte com a mãe podem ser a causa da pressão que o asmático sente no peito. A relação perturbada com o ambiente e problemas de relacionamento produzem a respiração crispada. O asmático não consegue mais "respirar livremente". Tal como na gagueira, um choque pode ser também a causa da asma.

Sugestões– Sou livre. Com alegria inicio cada novo dia. Estou interior e exteriormente relaxado, em harmonia comigo e com meu ambiente. Aceito a responsabilidade por mim mesmo e pela minha vida. Aceito qualquer manifestação de vida, liberto a ira antes que ela me sufoque.

Bronquite

Causas – De modo semelhante à da asma, a causa pode ser a pressão psíquica conseqüente de circunstâncias familiares. O aborrecimento engolido "entope" o fluxo da vida e a capacidade de defender-se foi "deseducada".

Sugestões – Estou totalmente equilibrado interior e exteriormente. Em meu coração e espírito reina profunda calma e harmonia. Deus me deu o ensejo e também a energia para compreendê-lo. Sou uma autoridade carinhosa. Vim para ver e vencer. Dentro de mim há paz. Posso vencer. Nasci para triunfar. Estou relaxado e livre, em harmonia comigo e com meu ambiente.

Busto, medida

Causas – A recusa do papel feminino pode fazer com que numa mulher não se desenvolvam as formas femininas. A idéia – sugerida provavelmente pela mãe – de que é péssimo ser mulher leva a essa recusa. Do mesmo modo, a sexualidade reprimida pode também ser a causa.

Sugestões – Alegro-me com minha feminilidade. Meu corpo é a plena manifestação da beleza e da harmonia. Esqueço as influências recebidas no passado; só o presente importa. Minha sexualidade é uma porta maravilhosa para o meu bem-estar psíquico e corporal. Meu busto é belo e bem delineado, ele combina com meu corpo. Através de mim se expressa a beleza da criação. Os homens gostam de olhar para meu busto, porque ele é belo e encantador. Amo minha sexualidade.

Cálculos biliares

Causas – A amargura leva forçosamente à agressividade. Os pensamentos negativos se materializam, endurecem e formam pedras.

Sugestões – Exercito-me na lei oculta da não-resistência. Posso me expressar livre e fluentemente. Dentro de mim há espaço para a harmonia, a bondade e a compreensão das necessidades dos meus companheiros. Cada companheiro é um elo na cadeia do meu bem-estar. Estou saboreando a doçura da minha vida. Meus pensamentos de hoje se transformam na minha vida de amanhã. Penso positivamente. Minha vida está repleta de alegria e felicidade. Estabeleço objetivos e posso alcançá-los.

Câncer

Causas – Auto-desinteresse, auto-renúncia. Desejo da morte e – alguns anos antes do aparecimento dos sintomas físicos – uma experiência negativa e fatal, são causas do câncer. Como conseqüência da opressão e dos sentimentos de culpa, de amor não vivido, atitude fortemente destrutiva diante da vida, lesões psíquicas e tristeza duradoura, o ser humano sente-se fundamentalmente não compreendido. O câncer é a expressão do amor não compreendido e do apego a si mesmo. É um sinal do espírito do nosso tempo.

Sugestões – Primeiro, para tratar das causas, faço uma regressão à época de origem dos traumas.

Depois, envio luz curativa ao meu passado. Tudo o que tiver me ferido é envolvido por essa luz de amor e de perdão. O amor curativo de Deus está em todo meu ser. Dentro de mim e ao meu redor há plena saúde. Minha vida está cheia de alegrias. A saúde é um estado natural pela vontade de Deus. Estou em plena harmonia e concordância com a natureza. O passado passou. Vivo no eterno aqui e agora.

Para o tratamento, é necessário fazer uma terapia holística. O lado psíquico: desenvolver idéias sobre os detalhes dos processos de defesa própria do corpo.

Por motivos de tempo, o tratamento dos sintomas e das causas deveria ser simultâneo.

O câncer é um sinal dos tempos, um símbolo do grau evolutivo da humanidade. Demonstra a incapacidade de reconhecer e viver o sentido do ser. O câncer demonstra o egoísmo do indivíduo diante do todo e leva, de acordo com sua intensidade, ao fim de ambos (morte).

Caráter negativo

Causas – Educação destrutiva e traumas da infância, opressão e falta de amor na infância estragam o caráter. Um ser humano, deixado muitas vezes sozinho, reage de modo agressivo. Com mentiras, educa-se para mentir.

Sugestões – O passado passou. Pleno de amor, dedico-me ao presente. Meu passado é a base de um futuro bem-sucedido. Tenho compreensão e amor para com todos os seres humanos, especialmente aos meus pais. Minha alma está repleta do amor de Deus. Tomo todas as minhas decisões a partir da profundeza amorosa do meu centro. Tenho um caráter maravilhoso. Deus pensa, fala e atua através de mim. Sou um exemplo de bons pensamentos. Tenho desejo de amor e de felicidade.

Colite ulcerosa

Causas – O medo leva à tendência autodestrutiva do caráter. O medo de viver produz uma atitude forçada. Sendo medroso, o homem é incapaz de soltar-se e de chorar; assim recolhe para seu interior tanto o medo como o aborrecimento. Vive permanentemente tenso e isso conduz à contração do aparelho digestivo, isto é, do estômago e intestinos.

Sugestões – Estou relaxado e cheio de calma profunda e de harmonia. Cheio de confiança dou início a cada novo dia. A partir de agora, meus pensamentos se orientam de modo construtivo. Tenho as qualidades positivas do amor, do bem-querer e da boa vontade. Promovo coisas boas. Dou com prazer. Em todas as situações, permaneço sereno e relaxado. Tudo o que começo levo a um bom termo. Sou o milagre da vida. Tenho um sucesso extraordinário. Todo o meu ser está repleto de profunda serenidade.

Concentração perturbada

Causas — O homem está sobrecarregado, quer demais de uma só vez e impacienta-se consigo mesmo e com os outros. Falta de autonomia no modo de pensar e de agir, relacionamentos muito egoístas produzidos pela educação influenciam negativamente sua capacidade de se concentrar.

Sugestões — Estou cheio de energia e de vida. Passo a passo, consigo tudo a que me proponho. Cheio de paciência e de amor aproximo-me dos meus semelhantes. Tenho uma imaginação clara e plástica. Desligo-me de tudo que não for importante. Minha alma está repleta do amor de Deus. Tudo que começo levo a bom termo. A bênção de Deus pode ser vista nos meus atos. Tenho um extraordinário sucesso. Tenho claras imagens espirituais.

Defeito congênito

Causas — Os defeitos congênitos têm causas cármicas.

Sugestões — A lei do karma aprisiona o ignorante e liberta aquele que conhece. As leis espirituais não forçam nada e ninguém. Eu mesmo escolhi meus pais. Da forma como cheguei, há a melhor oportunidade para eu crescer e desenvolver-me espiritualmente. Tudo é bom. Cada problema é um degrau no crescimento. Este corpo quer me ensinar que o importante não é ele, mas eu. A importância não reside no recipiente, mas no conteúdo. Agradeço a Deus pelos meus conhecimentos e pela minha confiança! Deus me ama. Ele pensa, fala e age através de mim. Serei reconhecido pelos seus frutos. Para mim, a vida é uma história com final previsível. Sou o regente, o ator, o autor, o ponto e o iluminador a um só tempo. Aceito o desafio e a aventura da vida. Aceito a vida sorrindo.

Diabetes mellitus

Causas – O desejo não-realizado de amor causa profundo desgosto. Se este estado dura longo tempo, o ser humano se torna incapaz de aceitar amor. Recusa a vida em si e não se considera capaz de coisa alguma.

Sugestões – A partir de agora a vida está cheia de alegria e divertimento. O fluxo da vida passa sem impedimento através de mim. Recebo a alegria. Quero aceitar costumes bons e ser servo deles. Amo o amor, a vida e a mim mesmo. O lado doce da vida também se destina a mim; saboreio-o e me entrego a ele.

Diarréia

Causas – Por recusa e medo da vida o paciente trata de se livrar rapidamente de todas as cargas. Sua relação com o ambiente fica perturbada. Receia ter de descobrir algo positivo na vida, caso aja com mais ponderação.

Sugestões – Tenho estabilidade psíquica, espiritual e corporal. O passado, o futuro e o presente se fundem numa unidade. Tudo o que acontece na vida é um elo dourado na cadeia do meu bem-estar. Estou cheio de confiança. Sou paciente, equilibrado e calmo. Tudo segue uma ordem divina. Estou unido com tudo que é bom. O bem está tanto no detalhe como no todo. Uso meu tempo para permitir que a vida seja plena. O contéudo de tudo é bom. Alegro-me, a vida é bela.

Digestão perturbada

Causas – Perturbações digestivas surgem com freqüência como resultado da opressão. Estar constantemente sob pressões leva à incapacidade de descontrair-se ou de passar algo adiante. Uma educação conflitante pode ser causa de sofrimento.

Sugestões – O princípio da vida é dar e receber. Eu dou. Ter e ser estão alinhados verticalmente na minha vida. O passado passou. Todas as minhas experiências passadas representam a base ideal para os meus sucessos presentes e futuros. Estou totalmente desperto. Haja o que houver, sempre serei consciente de mim. O milagre da vida realiza-se através de mim. Em todo meu ser há plena saúde. O amor é a luz que me mostra o caminho.

Discos vertebrais

Causas – Com isso gostaria de evitar as atividades não desejadas. Será que se trata de uma evasiva para evitar o contato sexual? Tem-se a sensação de que os outros não nos apóiam emocionalmente. Os problemas dos discos vertebrais são uma expressão corporal da sobrecarga emocional.

Sugestões – Um com Deus sempre é maioria. Estou sendo apoiado pela vida. Lembro-me de minha energia e força. Minha vida está cheia de amor e de harmonia. Atraio tudo o que é bom de todos os lados, do norte, do sul, do leste e do oeste. Sou livre.

Doenças venéreas

Causas – Medo do "pecado" do contato sexual. A crença de que tudo o que se refere a sexo é pecado causa o castigo por meio da doença.

Sugestões – Minha sexualidade é o fluxo biológico e natural da vida. Minha sexualidade me permite a união com a harmonia da natureza íntima das coisas. Pela minha sexualidade desenvolve-se o amor e ela se torna uma porta para a meditação. A união com o parceiro passa a ser amor, devoção e unidade. Deus é amor. Na união, encontro a realização, a paz e a harmonia.

Dores de cabeça

Causas – Perfeccionismo, vida sexual insatisfatória, sentimentos de inferioridade ou de autopunição são apenas algumas das muitas causas das dores de cabeça. A tendência aumenta com as atitudes aprendidas (herdadas) e com o medo de não vencer. O ser humano que sofre de dor de cabeça quer chamar a atenção sobre si.

Sugestões – Eu me descontraio. Dentro de mim reinam a tolerância e o desejo de compreender. Tenho uma personalidade forte e positiva. Estou em harmonia comigo mesmo e com o mundo. Todas as tarefas são uma boa oportunidade para crescer. Sigo todas as minhas idéias até a sua realização. Venço com autoridade carinhosa. Estou cheio de boas idéias. No meu mundo tudo está em ordem. O amor e a harmonia reinam em meu coração e em meu espírito.

Eczemas

Causas – A pele é o símbolo exterior da alma. A humilhação e a lesão da esfera íntima causam reações na pele. Pensamentos envenenados intoxicam o metabolismo. A opressão e a incapacidade de aceitar ou querer determinada coisa também podem motivá-las.

Sugestões – Tenho uma personalidade forte e positiva. Meu núcleo, minha verdadeira natureza, é inviolável. Seja o que for que faça, será sempre no interesse de todos. Deus me ama. Sinto-me seguro e aconchegado na mão de Deus. Tudo serve para tornar-me consciente. Os pensamentos de Deus representam a pureza perfeita. Os pensamentos de Deus também são os meus.

Envelhecimento precoce

Causas – Crer que, pelo calendário, com quarenta, sessenta ou oitenta anos, é necessário ter aspecto de velhice leva a pensamentos destrutivos, à negação da vida e ao estímulo do medo da morte, que é um pensamento antiquado (= alimentação errônea). Sua atitude diante da vida também afetará a alimentação que, pelo hábito, passou a ser um elemento fixo em seu modo de viver. Por isso, a mudança de filosofia de vida atrairá também outros alimentos e ajudará o corpo a ficar, por longo tempo, dinâmico e vitalizado. Leia o livro sobre alimentação do dr. Hay! Mas acautele-se para não errar com tanta freqüência: pode ser que você coma a coisa certa, mas o faz com pressa enquanto está tenso. A filosofia alimentar trata dos alimentos mais adequados, da filosofia de vida que temos e do estado psíquico em que ingerimos os alimentos. Ela declara: "Não é importante o que se come, mas o estado psíquico na hora de comer". "Alimentação errônea" nem sempre significa, portanto, "alimento errado".

Sugestões – Cada idade tem seu encanto especial. Cada idade é perfeita. Vivo no presente eterno. Sinto-me jovem e cheio de vitalidade, energia e alegria para a aventura da vida. O dia de hoje é único. Sou belo. Meu verdadeiro ser não tem espaço, é atemporal e vive eternamente.

Enxaqueca

Causas – Pode ser conseqüência de pensamentos negativos diante da vida e da não-aceitação das suas circunstâncias. Serve para fugir dos problemas. É um desejo de esconder-se no escuro, fugindo da realidade. Pessoas retraídas, hipertensas, introvertidas e que ficam remoendo pensamentos sofrem, com freqüência, de enxaqueca. A razão e os sentimentos não estão em harmonia.

Sugestões – Estou relaxado e o fluxo da vida passa livremente através de mim. Todas as respostas já existem antes que eu faça a pergunta. Amor profundo e harmonia estão em todo meu ser. Sou diplomático e gentil, cheio de harmonia e de calma interior. Deixo que as coisas aconteçam, desapego-me delas. Deus me ama; Ele cuidará de mim. No meu desejo e na minha ação reinam a harmonia e a concordância.

Epilepsia

Causas – A negação da vida produz a violência contra mim mesmo. A repentina explosão das agressões reprimidas e o sentimento de estar sendo perseguido resultam da minha dificuldade de expressar meus sentimentos. Uma dose exagerada de desespero e negação da vida podem causar a epilepsia.

Sugestões – A vida é alegria eterna. Amo meu próximo como a mim mesmo. Minha atitude na vida é afirmativa. Meu corpo expressa essa atitude à sua maneira. A saúde perfeita me pertence para sempre. Tenho idéias sadias. Relaxo. Todo meu ser está cheio de harmonia.

Esclerose múltipla

Causas – Esta doença tem freqüentemente causas de ordem familiar. Pode tratar-se de uma forte rigidez de espírito em conseqüência de opressão educacional, como também qualquer experiência traumatizante reprimida. A pessoa quer dominar a vida com vontade férrea; é inflexível e cunhada pelo "eu quero", e revela-se incapaz de deixar que as coisas aconteçam e de aceitar a vida.

Sugestões – Vou parar de controlar minha vida. Deixome levar pelo seu alegre fluxo. Estou com plena saúde. Vivo no presente eterno. Sou livre. Atraio tudo o que amo. Suavidade e devoção determinam minha vida. "Que se faça segundo a Tua vontade!"

Febre

Causas – A febre é sinal de uma intensa discussão com o conflito. O organismo se defende. A febre é um símbolo da luta psíquica no nível corporal.

Sugestões – Sou a expressão serena da paz e do amor. Agora estou cheio da infinita energia curativa de Deus. A saúde perfeita é um estado de consciência que estou prestes a receber. Tal como o ímã atrai o ferro, assim estou atraindo a saúde. Estou plenamente desperto. Sou íntegro, poderoso, forte e vital.

Febre do feno

Causas – Tal como no resfriado e na alergia, a febre do feno é uma reação às emoções reprimidas. A influência de massa pode ter nisso um determinado papel e deseja-se obter uma cobertura contra o exterior e o distanciamento do ambiente. A febre do feno pode ser adquirida pela educação e ser induzida por ela.

Sugestões – Deixo que meus sentimentos se comuniquem livre e de modo desimpedido com a vida. Sou uma personalidade forte e positiva. O interior e o exterior são idênticos. Todo meu ser está cheio de amor e de harmonia. Almejo de todo o coração o amor, a harmonia e a felicidade.

Flatulências

Causas – Problemas não absorvidos e reverberação de pensamentos ocasionam flatulências. Muitas pessoas engolem ar quando estão comendo. Trate de ficar atento quanto ao estado emocional no momento em que comer; não lhe deverá faltar calma interior, porque maus pensamentos tornam-se um alimento errado.

Sugestões – Todo meu ser está cheio de serenidade e harmonia. O que começo levo com sucesso até o fim. Os conhecimentos que nascem dos problemas são degraus que me conduzem ao sucesso. O plano da criação realiza-se através de mim. Deus e eu somos sempre bem-sucedidos. O amor de Deus está na minha alma. Receber e dar estão se harmonizando em minha vida.

Gagueira

Causas – Às vezes uma experiência chocante produz a gagueira. A falta de auto-expressão e os conflitos psíquicos preparam também o terreno para esse sofrimento. A origem da gagueira está quase sempre na infância; em se tratando de garotos, é quase sempre a influência da figura "superforte" do pai; a gagueira é um sintoma de oposição.

Sugestões – Falo livremente, de modo fluente e calmo. No meu coração e no meu espírito, reina completa serenidade. Falo para mim mesmo. Sei do que estou falando e expresso-me com calma e segurança. Meu passado é a base ideal para os sucessos do presente. Meditando, cada dia descubro mais coisas sobre minha infância. Toda minha experiência e tudo o que já ficou para trás representa uma boa base para que eu seja forte e bem-sucedido. Eu mesmo me exorto a ser um grande sucesso, em profundo relaxamento interior. Sim, tenho um extraordinário sucesso. Tudo o que nunca disse direi agora.

Gota

Causas – Uma pessoa sofre de gota em conseqüência da rigidez interior e da obstinação. Sua ambição causa a tensão. Ela se coloca e aos outros sob pressão. A alimentação não é feita com calma e com pensamentos positivos. A frustração sexual pode piorar a gota.

234

Sugestões – Afasto-me das preocupações. Treino para compreender os outros. Vivo e deixo viver. Dentro de mim há profunda calma e harmonia. Sou paciente comigo e com os outros. Dedico-me ao lado belo da vida.

Hemorróidas

Causas – A pessoa está sob pressão, por medo contrai as nádegas. O medo de fazer algo errado determina isso.

Sugestões – Sinto-me livre, estou em harmonia comigo e com meu ambiente. Cheio de confiança, inicio cada novo dia. Seja o que for que me aconteça, recebo isso com o coração cheio de paz. Decidi-me pela felicidade. Vivo no eterno presente.

Hepatite

Causas – Falta de autoconsciência, depressões, carga emocional permanente, estresse e falta de confiança em si mesmo e nos outros pesam sobre o fígado. As agressões contra si mesmo e os outros dominam o pensamento e a ação.

Sugestões – Verificar primeiro a causa e a origem das agressões e eliminá-las. Depois: "Envio amor e harmonia ao meu passado. Ele passou. Estou cheio de confiança. Tenho pensamentos de amor, harmonia e perdão. Perdôo tudo a mim e aos outros. Estou livre no meu pensamento e ação. Dedico-me apenas aos aspectos bons e construtivos da vida. Jogo fora todos os pesos desnecessários. Agora meu consciente está purificado. Minhas idéias são frescas, novas e vivas. Sou livre. Amo a liberdade. Minha atitude diante da vida é cunhada pela compreensão das coisas".

235

Hipocondria

Causas – O medo de fracassar e a auto-observação exagerada. Em caso de um fracasso, pode-se sempre recorrer a uma doença imaginária como desculpa.

Sugestões – O amor e a harmonia reinam no meu passado, no meu presente e no meu futuro. O que passou, passou. Sou livre e cheio de confiança e calma interior. Meus pensamentos são os pensamentos de Deus. Estou em harmonia comigo mesmo e com meu ambiente. Sou perfeitamente saudável de corpo, espírito e alma. Meus pensamentos se orientam pelo que é bom, construtivo e sou grato a Deus.

Impotência

Causas – Educação sexual errônea, medo de falhar, atitude errada do parceiro ou homossexualidade latente podem ser as causas da impotência. Lembre-se: a energia que você aplica para atingir o objetivo é o impedimento no caminho rumo à sua meta!

Sugestões – Sou um homem íntegro, forte, potente e sadio. O sexo é um presente maravilhoso. Amo minha sexualidade. O que o passado me deu é a base do meu conhecimento e este me deixa agora ser livre e relaxado. Estou em plena harmonia com minha parceira. Tudo de que necessito posso obter deixando simplesmente que aconteça. Aceito os acontecimentos.

Inchaço

Causas – Você se questiona: Das coisas psíquicas o que é que se abate sobre meus rins? Que temo perder? Os assuntos amorosos que não vão bem? Será que desejo me afogar?

Sugestões – Desapego-me voluntariamente de tudo e com alegria. O fluxo de vida passa livremente e sem impedimentos através de mim. Meu corpo é como meus pensamentos: firme, preciso e claro. Meus rins trabalham com perfeição. Todos os órgãos trabalham de modo inteiramente satisfatório no ritmo próprio do corpo. Todas as situações são amigas e servem ao meu progresso.

Incontinência urinária

Causas – São as lágrimas não choradas de uma criança infeliz e oprimida. É como se as agressões sofridas pudessem ser levadas pelas águas. O paciente quer dar um jeito de receber mais atenção e amor, que lhe fazem falta. Necessita apenas de mais dedicação da parte dos pais.

Sugestões – (A serem ditas pela mãe, em voz baixa, no ouvido da criança adormecida): Eu a amo muito. Mamãe e papai são muito felizes por terem você como filho. Você é o nosso queridinho. Nós o compreendemos bem. Você será bem-sucedido na vida. A escola lhe dá muito prazer. Estudar é divertido. Deus cuida de você. Durma em paz e acorde com alegria. Eu o amo muito.

Insônia

Causas – Aquele que sofre de insônia não descobre seu ritmo individual. As preocupações e o medo lhe "roubam o sono".

Sugestões – Cada dia cuida de si mesmo. Dentro de mim há serenidade e harmonia. Dormirei agora profundamente e com calma, relaxando inteiramente. Deixo o dia passar e adormeço pacificamente. Estou cansado, muito cansado e durmo profundamente.

Medos, fobias

Causas – O medo pode ser resultado de experiências assustadoras na infância. O fundo disso é o "modelo" educacional que "educa" pelo medo. Experiências de choque ou acidentes produzem medo mortal, medo do medo, medo da água, fobia de comer, fobia de coração, fobia de câncer, medo de alturas, medo de errar. O medo tem mil faces! Quase todos os sistemas sociais se baseiam no medo e na pressão exercida sobre os homens. Os medos são o fundamento de todas as doenças.

Sugestões – Há concordância no meu pensamento e na minha ação. Estou em profunda calma interior e em harmonia. Sinto Deus dentro do meu centro. Com Deus, uma pessoa sempre é maioria. Deus é um fogo que consome tudo o que não é justo. Deus pensa, atua e fala através de mim. Confio no imenso poder criativo do meu subconsciente. Confio em Deus no meu centro. O amor de Deus preenche minha alma. Sou íntegro, forte e sadio e em todas as situações da vida sou equilibrado e cheio de paz. Tudo o que começo será um sucesso total. A serenidade interior é a consciência da minha força.

Nervosismo

Causas – A vida parece ser uma luta e seu objetivo parece inatingível. A pessoa não encontra o lugar merecido na vida. Seu pensamento fica confuso, ela procura enganar-se a si mesmo quanto aos conflitos referentes a seu próprio valor. A incapacidade de pensar de modo conseqüente produz nervosismo.

Sugestões – Há profunda calma dentro de mim e ao meu redor. Estou numa dourada viagem através da eternidade. Minha verdadeira natureza independe do tempo e do espaço. Estou aprendendo as regras do jogo da vida. Estou no caminho rumo ao meu verdadeiro eu. Concentro-me em cada situação, estou sempre atento. Dentro de mim há paz e calma. O amor é a luz que me mostra o caminho. O que começo, concluo com êxito. Cada fracasso abre-me duas possibilidades novas. Encontro o lugar justo na minha vida.

Paralisia

Causas – Paralisias são motivos de impedimentos de ordem psíquica (histérica). Um choque causado por um acidente, a fuga ao futuro, sintomas de medo ("paralisado de medo") e resistências podem ser as causas. A paralisia também serve de pretexto para chamar a atenção.

Sugestões – Tudo o que acontece serve ao progresso do meu desenvolvimento. Estou aberto a tudo o que é bom. Sou um com o infinito, e essa unidade se expressa pela harmonia. A harmonia da parte é a harmonia do todo. O Pai e eu somos um. Vejo diante de mim, clara e nitidamente, toda minha perfeita agilidade corporal. Vejo-me e sinto-me na plena posse de todas as minhas capacidades espirituais e corporais. Estou com saúde.

Pressão alta

Causas – Será que você sempre carregou velhos problemas emocionais insolúveis consigo ou sempre quis atravessar a parede com a cabeça? Raiva oculta e sentimentos reprimidos levam ao congestionamento emocional, isto é, nada flui livremente. Você não consegue se realizar suficientemente.

Sugestões – Aceito meus sentimentos, relaxo. Tudo acontece através de mim. Tudo é um fluxo ao encontro do oceano da plenitude. Cada solução começa pelo interior. Treino a lei oculta da não-resistência. Estou na expectativa da vitória. Sou uma personalidade forte e calma, um ímã dinâmico do sucesso. Sou um ser sensível, cheio de amor e de harmonia.

Pressão baixa

Causas – Uma pessoa que provavelmente sofreu de opressão na infância e cujo autodesenvolvimento foi tolhido torna-se inerte e não aprende a vencer. Tem a experiência de não chegar mesmo ao seu objetivo e perde a coragem. Raramente se responsabiliza por si mesma ou por alguma coisa e gosta de se desviar de todas as atividades com a alegação de que sua pressão é baixa. A atitude interior é: não tenho direito ao sucesso.

Sugestões – Sou uma rocha no meio da arrebentação. Minha vida é um desafio e uma aventura maravilhosa. Sou um ímã espiritual que atrai tudo o que é bom. Tenho talentos e meus dotes são minhas tarefas. Tenho um objetivo. Sou um sucesso na vida. Dentro de mim habitam o dinamismo e a vitalidade. Quero rir, quero vencer, quero agir. A vida é feita da matéria que se chama alegria. Sou íntegro, forte, poderoso e sadio. A vida é uma festa. Seja o que for que me aconteça, será útil para mim e me servirá para progredir ainda mais.

Problemas da bexiga

Causas – Escrúpulo, incapacidade de relaxar e de chorar provocam problemas de bexiga. Arrasta-se ainda consigo velhos problemas ultrapassados.

Sugestões – Manifesto tudo. Sucesso, amor, saúde, harmonia estão dentro de mim. Tudo que é novo é bem-vindo, de coração.

Problemas cardíacos

Causas – Estes problemas têm origem na reação obstinada contra os parceiros ou os pais. O intelecto supera os sentimentos e domina o medo dos sentimentos. A atitude negativa contra si mesmo e a vida tende a aumentar o problema.

Sugestões – Tenho uma nova atitude diante da vida. A alegria é o melhor remédio. Meu passado é a base ideal para os sucessos que começam agora. A criação é feita da matéria que se chama alegria. Deixo entrar a alegria em minha vida. Deixo entrar a alegria em meu coração. Amo meu próximo como a mim mesmo. A paz de Deus reina em meu coração e em meu espírito. Sou um ser sensível.

Problemas nas costas

Causas – A pessoa tem a sensação de que não é suficientemente ajudada, que recebe pouco apoio. Parte superior das costas: falta de ajuda emocional. Parte inferior: falta de apoio financeiro. A pessoa é dominada por tensões constantes de ordem psíquica. As dores nas costas servem como motivo de impedimento para o relacionamento sexual. Quem tem problemas nas costas tem problemas com a "retidão".

Sugestões – Diante de minha atitude positiva e diante da confiança que tenho, todas as energias do universo vêm me ajudar. A vida é um princípio dinâmico e afirmativo em que confio plenamente. Sou forte, íntegro, potente e sadio. A solução de cada problema está no "desapegar-se". Estou relaxado, há harmonia e calma interior. Em todo meu ser há plena saúde. Sou positivo e claro em minhas afirmações.

Problemas da garganta

Causas – As dores de garganta são a expressão corporal da luta interior. O paciente não é capaz de "engolir" uma certa coisa em sua vida.

Sugestões – Sou a expressão da alegria. Sou livre nas minhas decisões. A paz e a harmonia fluem através de mim.

Problemas de menstruação

Causas – São conseqüência da negação da própria feminilidade, de profundos sentimentos de culpa e de educação sexual errônea. "Tudo que é sexo é pecado!" Isso cria sentimentos de inferioridade em relação à própria feminilidade e gera a crença de que esta seja algo "subjugado". As excitações sexuais são classificadas de "desejos baixos". O medo da gravidez e a falta de capacidade de se entregar também podem ser as causas.

Sugestões – Estou em harmonia comigo e com meu ambiente. Amo-me e amo ao meu corpo. Identifico-me com minha sexualidade. Sinto-me mulher e estou contente. Considero-me uma bela mulher que tem processos femininos normais. Meu corpo é um elo perfeito da corrente do bem-estar. O feminino é o pólo equivalente do todo. Estou de acordo com minha missão. O amor de Deus está na minha alma.

Problemas nas pernas

Causas – Esta sensação é medo do futuro, porque as pernas deveriam nos levar adiante. A sensação de que "assim não pode continuar" faz com que nos faltem as pernas que nos carregam.

Sugestões – Movimento-me com confiança e alegria; vou ao encontro do bem. Cada dia vou melhor em todos os sentidos. Tudo que me acontecer será bem-vindo.

Problemas na próstata

Causas – Sentimentos de inferioridade e deseperança provocam esses problemas. Pressões profissionais e a sensação de que "em tudo não há sentido" agravam o sofrimento.

Sugestões – Estou plenamente consciente da minha energia psíquica e corporal. Sou tão jovem quanto me sinto e sinto-me como um recém-nascido. Relaxo. Seja o que for que aconteça, será um degrau na escada do meu bem-estar. Alegro-me com minha masculinidade. A sexualidade é uma grande alegria e fonte de prazer.

Problemas pulmonares

Causas – Pensamentos destrutivos mantidos durante longo tempo levam o homem a situações desesperadas. Ele se torna farto da vida. A inquietação interior e a falta de defesa criam pensamentos suicidas. Dar e receber não estão em equilíbrio. Falta o ritmo vital correto. Os sentimentos são reprimidos.

Sugestões – Em profunda calma e harmonia, estou unindo as energias para superar o passado. Relaxo. A luz curativa do amor divino preenche todo meu ser. Em cada respiração absorvo calma, energia e nova coragem de viver. Aquilo me respira. Em cada respiração absorvo idéias divinas. O hálito da vida me preenche de energia, vitalidade e alegria de viver. Respirar é dar e receber. Mudo o que posso mudar. Aceito o que não posso mudar. Sei distinguir entre ambos.

Problemas do sangue

Causas – O homem nega-se a participar plenamente da vida. Falta de alegria e pensamentos encalhados são a característica deste tipo de paciente.

Sugestões – A vida é fluir e crescer. Idéias alegres circulam sem impedimento e me libertam. A vida é bela. Sou o milagre da vida. Tenho um extraordinário sucesso. Aceito alegremente as dádivas da vida e transformo tudo para o bem.

Problemas da vista

Causas – Pergunte-se se há algo dentro de você que não quer ver (aceitar). O medo do futuro traz miopia; o medo do presente traz hipermetropia. Não quer ver a verdade? Espera acontecimentos infelizes e vê impedimentos por toda parte? A visão espiritualmente limitada gera o mal corporal.

Sugestões – Os impedimentos são dádivas que encerram um conhecimento. Olho com olhos amorosos. Gosto do que vejo. Vejo claro, vejo a verdade. Meus olhos são os olhos de Deus, perfeitos e bons. Vejo nitidamente que, no meu caminho, paira a bênção infinita. Agradeço pelos meus olhos perfeitos. Amo-me, sou um membro valioso da sociedade.

Resfriados

Causas – O homem freqüentemente resfriado foge da realidade da vida. Com seu sofrimento, quer chamar a atenção sobre si. Pessoas emocionalmente "frias" resolvem cada pequeno conflito com uma constipação.

Sugestões – Treino-me na fé e na ação corretas. Sou o milagre da vida. Vejo meu objetivo clara e nitidamente. Sou bem-sucedido porque tenho um objetivo. Os pensamentos são criativos e sou um pensador livre. Encontro a paz em meu próprio ser. Tudo serve ao bem. Estou cheio de saúde.

Reumatismo

Causas – O reumatismo nasce da carência de amor interior (calor). Aborrecimento prolongado, amargura crônica, pensamentos de vingança e agressividade reprimida agravam o sofrimento. O motivo pode ser uma ambição que não chegou a ser realizada.

Sugestões – A calma e a harmonia reinam em meu coração e em meu espírito. Participo da alegria do mundo. Estou livre de todas as amarras e cheio de calma interior e paz. Sou bem-sucedido no meu pensamento e ação. A partir de agora, meu corpo reflete minha nova atitude diante da vida. Todos os dias procuro conscientemente a alegria. Seja o que for que eu esteja comendo, isso se transformará em harmonia, beleza e saúde. Tenho desejo e sentimentos cheios de alegria. Relaxo.

Roer unhas

Causas – Na resistência contra os pais, o ser humano consome-se a si mesmo. Tensões psíquicas e agressões reprimidas levam a roer unhas. A pessoa tem medo da própria coragem.

Sugestões – Treino a lei da não-resistência. Meu passado é a base ideal para um presente e futuro bem-sucedidos. Estou inteiramente calmo, relaxado e em harmonia comigo mesmo e com o meu ambiente. Aceito a vida em toda a sua plenitude. Sou uma personalidade forte, bem-sucedida na profissão e na sociedade.

Tumor cerebral

Causas – Pensar de modo errado, teimosia, má vontade e modelos espirituais antiquados, materializam-se num tumor.

Sugestões – Toda a vida é uma eterna mudança. Os modelos dos meus pensamentos renovam-se constantemente. Penso por mim mesmo. Em meu pensamento, considero tudo a partir da perspectiva eterna e divina. O amor de Deus flui através de mim e me regenera agora. Acordei para a vida plena.

Vício

Causas – Os vícios criados pelas sugestões "sociais", como o álcool, o café, o fumo etc., fazem parte da vida "realizada". O vício é um ato que substitui outras satisfações inalcançáveis. A falta de amor pode ser a causa da busca da satisfação oral. Um alcoólatra se desvia dos problemas da vida.

Sugestões – Amo a mim mesmo. Sou inteiramente autêntico. Como para viver, e nada mais. Almejo o amor e a harmonia, a saúde e a felicidade de todo coração. Meu trabalho em mim mesmo me leva ao autoconhecimento e depois à auto-realização, que é minha meta. Progrido diariamente em meu caminho que leva à vida realizada. A comida, o álcool, os comprimidos, o café, o fumo etc., em demasia, são totalmente sem importância. Estou livre de tudo o que não me serve. Profunda calma e contentamento reinam em meu coração e espírito.

Zoster (herpes-zoster)

Causas – O zoster é a conseqüência de conflitos psíquicos de longa duração. A pessoa se sente só com seus problemas. Não consegue livrar-se de determinada coisa. A intensidade da dor corresponde à pressão psíquica.

Sugestões – Sou muito querido e os outros têm necessidade de mim. Dentro de mim reinam a harmonia e a satisfação. Agora me separo de tudo que deixou de ter importância. O passado já passou. A partir de agora, vivo num eterno presente. A vontade de Deus se realiza em minha vida. Relaxo e deixo que tudo aconteça segundo o plano de Deus.

EPÍLOGO DO AUTOR

Se você conseguiu ler até aqui, creio que isso lhe exigiu bastante esforço. Quanto tempo, aliás, demorou sua leitura? Espero que não tenha sido rápida demais, porque, se nos entendemos corretamente, este não é um livro de "leitura". Posso imaginar que muitas vezes você não conseguiu "dominar" mais do que duas ou três páginas no mesmo dia. Porque não é a leitura do meu livro que deve constituir o verdadeiro "trabalho", mas as reflexões que você fizer a seu respeito.

É mais do que evidente que, por falar nisso, tentei em parte persuadi-lo a pensar de modo inteiramente diferente. Sobre os motivos pelos quais isso é necessário, conversamos muitas vezes um com o outro, nas páginas anteriores. Digo isso literalmente: "conversamos um com o outro", porque você se prontificou a sentir meus pensamentos; criou-se entre mim e você um contato espiritual efetivo. E talvez tenha podido ajudá-lo inconscientemente a compreender.

Esse outro modo de pensar aponta para um único denominador: tentei transmitir-lhe uma perspectiva do mundo que todas as pessoas podem compreender e realizar. Há inúmeras perspectivas do mundo, sistemas filosóficos e científicos, para não falar das religiões. Cada um é complicado e "incompreensível" para a maioria dos homens. E, como se isso já não bastasse, muitos desses sistemas se contradizem em maior ou menor medida. Em última análise, tudo isso é uma confusão desesperadora. E não me admiro de que muitas pessoas virem as costas a essa confusão e prefiram não crer em nada. Por que quem lhes dirá o que é certo e aquilo em que deverão acreditar? As respostas são oferecidas pelos representantes de um ou de outro sistema. Isso não me parece melhor do que a luta entre duas empresas concorrentes que contam com um bom poder publicitário... Diz-se tantas vezes que a verdade está no meio. Talvez ela esteja realmente no meio de todos esses sistemas "concorrentes". Mas quem é que teria tempo e energia intelectual suficiente para buscar esta verdade?

Creio, no entanto, que a cada um de nós foi dada a tarefa de encontrar a verdade por si mesmo. Ela não pode, portanto, ser assim tão complicada. Em outras palavras: a tarefa tem de ser constituída de tal modo, no que se refere a seu volume e gastos, que um indivíduo sozinho também consiga levá-la a cabo por si mesmo. E, quanto a isso, penso, há muito tempo, que tal coisa só será possível se aprendermos a pensar de modo diferente, se aprendermos a eliminar toda a enorme carga que os inúmeros sistemas nos impuseram e se, depois disso, aprendermos a usar uma energia até agora não utilizada pela ciência, a única energia que possibilita a realização da tarefa: a do nosso sentimento (em lugar do "pensamento") e a energia da auto-orientação, o subconsciente. Ou, se posso dizê-lo ainda uma vez com o título do meu primeiro livro: *O subconsciente, fonte de energia*.

O que o intelecto não conseguiu realizar – levar os homens a uma perspectiva convincente do mundo – não pode então ser uma tarefa puramente intelectual; pensando um pouco mais, isso seria até mesmo ilógico.

Minha convicção é de que nós, os seres humanos, nem sentimos a falta de uma perspectiva convincente do mundo, porque a procuramos com os meios errados. O intelecto puro sempre exige provas e até provas cientificamente consistentes. E se não se encontram tais provas? Podemos então fazer de conta que essas provas não existem e abandonar tudo?

Nas próprias ciências também não é diferente; todas as vezes em que não foram encontradas as provas, isso aconteceu só porque a pergunta não foi feita de maneira correta; a falta de solução leva à fuga para os detalhes cada vez mais especializados, na esperança de que disso, algum dia, nasça por si só a síntese. Mas tal coisa não costuma ocorrer. É só pensar nos múltiplos problemas tratados isoladamente pela medicina, de forma cada vez mais intensiva. Nesse processo perde-se a síntese; basta lembrar o câncer. E depois devem surgir médicos "bem diferentes", que achem esse estado de coisas monstruoso e que dirão que temos de pensar outra vez na totalidade e que talvez assim encontraremos uma solução. Em todo caso, estou convencido de que a chamada "medicina integral" descobriu, com recursos incomparavelmente menores, soluções consideravelmente melhores, como, por exemplo, no caso do câncer. E por quê? Apenas porque ela começou a pensar de um modo diferente.

Se, portanto, nosso intelecto até agora não teve condições para nos ajudar, precisamos arranjar também, para as questões centrais de nossa existência, um instrumento diferente. Este não é novo. Ao contrário. Novo é apenas o fato de que se tem aplicado o intelecto como *único* instrumento. Não é difícil achar o motivo da profunda descrença que impera em nosso tempo. Aos homens que viveram antes da "Iluminação" racional foi incomparavelmente mais fácil relacionar-se consigo mesmos e com o mundo, porque eles não exigiam "provas". Em lugar das questionáveis "provas científicas", colocavam a capacidade de crer (ou não) intuitivamente. A maioria de nós perdeu, em larga escala, essa capacidade. Não é sem mais nem menos que, entre nós, há cada vez mais pessoas que se dedicam ao conteúdo tão diferente da fé oriental e que deixam seu intelecto de lado, para poder viver a fé com as energias do sentimento.

O homem ocidental também pode aprender a ter esta aptidão. Ela se chama meditação. A meditação também é pensamento, mas não se trata de um pensar puramente racional. Na meditação, o pensamento eleva-se ao nível da percepção e o sentimento é mais do que o intelecto, do mesmo modo que as energias do sentimento são mais fortes do que as do intelecto. Meditar, no entanto, não significa desligar inteiramente o intelecto; só que ele não é mais orientado pela existência de provas, mas se prontifica a abrir-se a tudo. Poder-se-ia dizer também que a meditação não mais rivaliza com o sentimento.

Esse é o motivo de eu ter dito ser improvável você ler mais que duas ou três páginas por dia. Às vezes, o texto é rapidamente aceito pelo intelecto e considerado bom, ou então é recusado. Mas a leitura, o puro processo de ler e captar o sentido do que se lê, deve ser sempre apenas o começo. Depois é preciso refletir a respeito do texto, no sentido meditativo, e deixar que o assunto penetre dentro de você. Esse é um processo que se subtrai à quantificação temporal. Ser pleno de algo — o objetivo de cada meditação — torna-se, no caso ideal, até um estado permanente. O resultado disso é a harmonia tão desejada por todos nós.

Preciso confessar que agora, no fim deste livro, não me separo tão facilmente de você. Falei-lhe como a um bom amigo. E gostaríamos de ter os amigos sempre junto de nós. Mas, na verdade, não estamos separados um do outro. Se você andou até aqui comigo podemos estar certos de que temos muito mais coisas em comum. E esse é um sentimento maravilhoso. Quanto mais amigos houver, mais harmonioso se tornará o mundo. Esse é também um objetivo que deveríamos ter sempre em mira.

Faço votos para que, ao continuar seu caminho de vida, você encontre tudo que é bom: o sucesso, o amor e a saúde.

O seu Erhard F. Freitag

Endereço:
Erhard F. Freitag
Institut für Hypnoseforschung
8000 München 25
Postfach 201322
Alemanha — W

Leia também

O SUBCONSCIENTE, FONTE DE ENERGIA

Erhard F. Freitag

Prefácio do dr. Joseph Murphy

O trabalho de Erhard F. Freitag, fundamentado nos ensinamentos do "pensamento positivo", resultou num sucesso extraordinário em dois campos de sua atividade profissional: como hipnoterapeuta e como autor de dois livros que se transformaram em autênticos *best-sellers* na literatura hoje denominada de auto-ajuda: *O subconsciente, fonte de energia*, prefaciado pelo dr. Joseph Murphy, e *A ajuda através do inconsciente*, agora publicados pela Editora Pensamento.

Segundo o autor de *O subconsciente, fonte de energia* — primeira de suas publicações — nossa vida só poderá mudar para melhor quando descobrirmos nossas forças latentes e soubermos fazer uso delas. Temos de aprender a usar as possibilidades existentes em nosso interior; temos de saber reconhecer que muito pouco e, por vezes, nada depende dos outros, mas que tudo depende do modo como pretendemos dirigir a nossa vida.

Toda pessoa que necessite de ajuda, que se tenha perdido nas situações que a vida impõe e que procure uma saída pode encontrar em si mesma o caminho para a solução de seus problemas. *O subconsciente, fonte de energia* destina-se a ser um manual com o qual o leitor poderá reconhecer seus impulsos e motivações mais pessoais e aprender a controlá-los, tornando-se assim capaz de, sem nenhuma outra ajuda exterior, organizar o emaranhado caótico de seus pensamentos e intervir, dando-lhes uma direção definida.

EDITORA PENSAMENTO

"Se tiver preocupações, aflições ou problemas, procure o dr. Erhard F. Freitag. Trata-se de um homem profundamente íntegro. Se você buscar o seu conselho, sua vida se encherá de fatos maravilhosos."

Dr. Joseph Murphy

PENSE POSITIVO

E. H. Shattock

O objetivo deste livro é mostrar o poder extraordinário da mente e estimular o uso desse poder em todas as situações do nosso dia-a-dia. Segundo o autor, a mente é muito mais do que pensamos que seja e todo progresso em direção à realização do nosso potencial tem de ser feito pela mente.

Para desenvolver esse potencial precisamos usar o que o autor chama de "instrumentos de acomodação e de ação", destinados a aumentar a energia que colocamos em nosso pensamento, ampliando, portanto, o campo de atuação da mente. Alguns desses instrumentos são bem conhecidos, como a concentração e a visualização, mas outros serão novos para muitos leitores.

O mais importante deles, porém, é a imaginação criativa, através da qual deixamos de impor limites aos tipos de conhecimento que desejamos adquirir, seja qual for o campo de nossas atividades. A leitura deste livro trará como resultado a obtenção de objetivos que antes pareciam estar totalmente fora do nosso alcance.

EDITORA CULTRIX

A SABEDORIA DA MENTE SUBCONSCIENTE

John K. Williams

O nosso subconsciente é um reservatório de sabedoria permanentemente ao nosso dispor, desde que saibamos como chegar até ele. É o vínculo que nos liga ao infinito, uma expressão da mais alta sabedoria do Universo. Por meio de exemplos tomados à vida real, o autor de A sabedoria da mente subconsciente *mostra-nos como o subconsciente indicou a numerosas pessoas, homens e mulheres, as soluções corretas e o caminho a seguir em problemas relacionados com negócios, atividade científica e vida íntima. John K. Williams revela-nos aqui como podemos utilizar as poderosas forças interiores do subconsciente para fazer de nossa existência algo de criativo e estimulante. Em* A sabedoria da mente subconsciente *o leitor descobrirá como pôr a funcionar o próprio subconsciente na solução dos problemas que o afligem; como fazer com que a sabedoria do subconsciente ascenda à consciência; como usar o processo de visualização para criar uma nova e satisfatória imagem de si mesmo; como identificar e eliminar os fatores ocultos que inibem a criatividade e substituí-los por atitudes positivas, construtivas; como livrar-se de tensões e perturbações emocionais; como tomar decisões corretas em assuntos de importância; como usar o subconsciente proveitosamente nos processos de aprendizagem, etc.*

EDITORA CULTRIX

Editora Pensamento
Rua Dr. Mário Vicente, 374
04270 São Paulo, SP

Livraria Pensamento
Rua Dr. Rodrigo Silva, 87
01501 São Paulo, SP
Fone 36-3722

Gráfica Pensamento
Rua Domingos Paiva, 60
03043 São Paulo, SP